掌尚文化

Culture is Future

尚文化·掌天下

The Development of China's Electric Vehicle

The Game Between Technology and Market

陈应武 著

中国电动汽车发展
——技术与市场的博弈

经济管理出版社
ECONOMY & MANAGEMENT PUBLISHING HOUSE

图书在版编目（CIP）数据

中国电动汽车发展 ：技术与市场的博弈 / 陈应武著.
北京 ：经济管理出版社，2024. -- ISBN 978-7-5096
-9846-4

Ⅰ．F426.471

中国国家版本馆 CIP 数据核字第 2024GZ0595 号

组稿编辑：宋　娜
责任编辑：宋　娜
责任印制：张莉琼
责任校对：陈　颖

出版发行：经济管理出版社
　　　　（北京市海淀区北蜂窝 8 号中雅大厦 A 座 11 层　100038）
网　　址：www.E-mp.com.cn
电　　话：（010）51915602
印　　刷：唐山玺诚印务有限公司
经　　销：新华书店
开　　本：720mm×1000mm/16
印　　张：14.5
字　　数：206 千字
版　　次：2024 年 8 月第 1 版　　2024 年 8 月第 1 次印刷
书　　号：ISBN 978-7-5096-9846-4
定　　价：98.00 元

前　言

随着全球经济的快速发展和科技的不断进步，汽车工业迎来了前所未有的变革。电动汽车，作为这场变革的划时代产品，正以其独特的魅力和创新的技术，引领着未来交通的发展趋势，并对人类社会的生产和生活方式产生深远影响。

五年前，当电动汽车还处于起步阶段时，许多人对此持怀疑态度，认为其技术不成熟、市场接受度低、基础设施不完善。然而，随着技术的飞速进步、政府政策的大力支持以及消费者认知的显著提升，电动汽车在中国的发展速度超出了预期。如今，电动汽车不仅在技术上实现了重大突破，如电池续航能力的显著提升、智能化水平的不断升级，而且在市场普及率上也取得了惊人的成绩。中国已成为全球最大的电动汽车市场，电动汽车的渗透率不断攀升。

电动汽车最根本的特征在于其动力形式的变革。与传统燃油汽车依赖内燃机不同，电动汽车采用电动机作为动力来源，这一变革不仅极大地提高了能源利用效率，而且在环保和可持续性方面展现出巨大潜力。电动汽车的这一特性，标志着人类交通动力的一次历史性跨越。根据中国电动汽车产业相关发展报告，电动汽车在全生命周期内的碳排放量相比于传统燃油汽车有显著降低，这为应对全球气候变化提供了有效的解决方案。

智能化是电动汽车的另一显著特色。随着5G、大数据、人工智能等技术的发展，电动汽车不再仅仅是运输工具，而是成为集智能驾驶、智能互联、智能服务于一体的移动智能终端。智能化不仅提升了驾驶体验，更在安全、便捷等方面为用户带来了前所未有的变革。例如，特斯拉的自动辅助驾驶功能，通过软件不断地更新，已经能够在特定条件下实现自主变道、自动泊车等高级辅助驾驶功能。

电动汽车是可成长的工业产品，其性能和功能可以通过软件的不断更新和迭代得到提升。"软件定义硬件"是电动汽车产业的基本逻辑，它使电动汽车能够像智能手机一样，通过软件升级实现功能的增加和性能的提升，这一特性也使电动汽车具有了传统汽车无法比拟的生命力和成长性。正如《电动汽车负荷聚合商参与市场：机制与策略》中所述，软件的更新使电动汽车在负荷管理、能量优化等方面展现出更高的灵活性和效率。

相比于燃油汽车，电动汽车在软件的加持下实现了各方面性能质的飞跃。无论是加速性能、操控稳定性，还是能源效率，电动汽车都展现出了超越传统汽车的卓越性能。这种性能的飞跃，不仅源于电动汽车的机械结构优势，更得益于软件技术在动力管理、能量回收等方面的深度应用。例如，蔚来汽车的"天行智能底盘系统"通过软件控制的策略优化，实现了底盘状态的实时调节，提供了更加平稳的驾乘体验。

电动汽车的发展已由早期的政策驱动转变为市场驱动。随着技术的进步、成本的降低以及消费者认知的提升，电动汽车逐渐成为市场的主流选择。到 2024 年 7 月，电动汽车的渗透率超过 50%，燃油汽车将成为新车销售的"少数"，这一转变标志着电动汽车市场已经成熟并开始主导汽车产业的发展。

汽车正在由传统的交通工具变为智能终端。电动汽车以其高度的信息化、智能化特点，正在重新定义汽车的概念。汽车不再只是简单的运输工具，而是成为人们生活中不可或缺的智能伙伴，提供着安全、便捷、舒适的出行体验。一些电动汽车厂商通过集成全主动悬架、线控转向、后轮转向等技术，实现了前所未有的平稳驾乘体验，展示了电动汽车在智能化方面的潜力。

电动汽车既是能源革命的产物，也是信息革命的载体。在能源革命中，电动汽车以其清洁、高效的能源利用方式，推动了能源结构的转型和升级。根据中国电动汽车产业相关发展报告，电动汽车的推广有助于减少对化石燃料的依赖，降低温室气体排放，促进可持续发展。在信息革命中，电动汽车以其高度的智能化、网络化特点，推动交通系统与信息网络的深度融合。智能驾驶、车联网等技术的应用，使电动汽车成为了智能交通系统的重要组成部分。

电动汽车对人类社会的可持续发展具有重要意义，它不仅能够减少交通领域的碳排放，更能够通过智能技术提高交通效率，缓解城市拥堵，提升人们的生活质量。例如，通过优化电池技术和充电设施布局，电动汽车可以有效减少城市污染，改善空气质量，为实现绿色出行提供支持。

本书将从技术、市场等维度全面分析电动汽车的发展现状和未来趋势，探讨电动汽车如何推动汽车产业的转型升级，以及这一变革对经济、环境、社会等方面的深远影响。通过对电动汽车的深入研究，希望能够为读者提供一幅电动汽车产业发展的全景图，展现这一新兴产业的无限可能和广阔前景。

在技术层面，电动汽车的持续进步依赖一系列核心的技术创新。电池技术是其中的关键，它直接关系到电动汽车的续航里程和安全性。随着化学电池能量密度的提升和成本的降低，电动汽车的实用性和经济性得到了显著增强。电机技术和电控技术的创新，提高了电动汽车的动力效率和响应速度，同时也降低了能量损耗，进一步提升了驾驶性能。智能化技术的应用，如自动驾驶、车联网和智能交通系统，不仅提升了驾驶的便捷性和舒适性，而且为提高道路安全性和交通管理

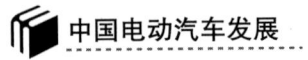

效率提供了可能。这些技术的集成，使电动汽车成为智能交通生态系统中的重要组成部分。同时，通过持续的技术创新，电动汽车的耐用性和维护成本也得到了改善，增强了消费者对电动汽车的信心。未来，随着技术的不断突破，电动汽车的性能将更加卓越。

在市场层面，电动汽车产业面临着满足不同消费者群体需求的挑战，这不仅关乎产品的设计多样性，还涉及价格定位、性能配置以及服务体验等多个方面。为了提升电动汽车的市场竞争力，企业需要深入研究消费者行为，设计符合市场需求的产品，并制定有效的市场策略，如价格优惠、融资租赁方案、充电便利性提升等措施，以吸引更多消费者选择电动汽车。同时，电动汽车的商业模式创新，如车电分离模式，为市场发展带来了新的机遇。车电分离允许消费者购买不含电池的汽车，并通过租赁电池的方式使用电动汽车，这大大降低了消费者的初始购置成本，同时也为电池的更新换代提供了便利。这种模式的推广有助于解决电动汽车成本高和电池更新难的问题，进一步增强了电动汽车的市场吸引力。通过这些创新的市场策略和商业模式，电动汽车产业将能够更好地适应市场变化。

电动汽车作为汽车产业发展的新方向，其发展不仅关系到汽车产业的未来，也关系到人类社会的可持续发展。通过全面分析电动汽车的发展现状和未来趋势，我们可以更好地理解这一新兴产业的发展逻辑，把握其发展机遇，应对其发展挑战，共同推动电动汽车产业的健康发展。

诚然，电动汽车的发展也面临着一系列的挑战。首先是电池技术的限制，包括能量密度、充电速度和成本问题。尽管目前电池技术正在快速发展，但要实现电动汽车的大规模普及，还需要进一步的技术突破。其次是充电基础设施的建设，需要政府和企业的共同努力，以满足日益增长的充电需求。此外，电动汽车的安全性、可靠性以及二手车市场的发展也是消费者关注的重点。

　　展望未来，电动汽车将继续作为汽车工业的重要发展方向。随着技术的不断进步和市场的逐渐成熟，电动汽车将在性能、成本、便利性等方面更具竞争力。同时，电动汽车也将与智能交通、智慧城市等概念更加紧密地结合，为人们提供更加环保、高效、便捷的出行方式。政府的政策支持、企业的技术创新以及消费者的接受度提高将共同推动电动汽车产业的持续发展，开启未来交通的新篇章。

目　录

第一章　汽车发展回顾暨电动汽车发展的理论综述

第一节　汽车发展历程

汽车发展的历史，也是技术发展的历史。100余年前，汽车是在一个不大的工房甚至车库中被组装出来的。但现在的情况完全不同了。"制造一辆世界级的汽车已是全球经济中最复杂的工业领域之一；仅仅是创建一条发动机生产线，就可能需要耗资20亿美元。先进的汽车公司拥有两大类工程师：一类致力于设计汽车，另一类则完全致力于如何优化制造汽车的生产线。"①

在市场经济中，企业生产效率至关重要，甚至决定了企业的生死。在20世纪中期以前，美国拥有十分强大的汽车工业，其汽车产业曾经长期称霸世界。早在1900年，美国就出现了多种技术路线并存的汽车产业局面，有40%的汽车采用蒸汽机，38%的汽车采用电力驱动，22%的汽车采用汽油动力。20世纪10年代初，电动汽车在市场推广方面取得

---

① ［美］利维·泰尔曼. 大竞赛——未来汽车的全球争霸赛［M］. 王冀，译. 北京：机械工业出版社，2018：23.

巨大成功，美国电动汽车销量于 1912 年达到了顶峰①。1908 年，福特公司推出了 T 型车，使汽车生产效率发生了革命性变化，这种变化体现在两个方面：一是使用通用零部件，二是采用流水线开展装配作业。两种手段共同作用的结果是生产汽车的成本大大降低，从而使汽车加速走进普通家庭。"1927 年，有超过一半的美国人拥有汽车。即便是在 20 世纪 30 年代开始的大萧条时期，美国汽车的年销量也在 100 万和 300 万辆之间徘徊……日本、德国和意大利三国加起来，在 1938 年共制造了 43.7 万辆汽车；而那一年，仅英国就制造了 44.5 万辆汽车，美国更是制造了 350 余万辆汽车。"②

但是，美国汽车的霸主地位并非不可撼动。美国汽车工业因"效率革命"而傲视群雄，也因他国的效率提升而遭受重大冲击。"在 20 世纪 50 年代，日本汽车工业完全无法与底特律竞争，甚至都算不上一个'陪跑者'，但是到了 1975 年，对底特律来说，它已经变成了致命的威胁。那个时候，日本制造的汽车不仅比美国的要好，而且每辆车价格平均要比美国车便宜 750~1500 美元。之所以能做到质优价廉，是因为在 20 世纪 70 年代的时候，日本汽车厂商的生产效率要比美国同行高 40%~50%。到了 20 世纪 80 年代，在美国本土市场上最畅销的 11 款小型汽车中，仅有 1 款是美国车。"③

自 20 世纪 80 年代起，日本汽车就开始风靡全球，取得了巨大的成功。之所以如此，是因为日本汽车除质优价廉外，还以节省燃油出名。汽油是汽车拥有者的高频消费支出项目。人们购买汽车，主要是用来作为通行工具方便出行，而通行是人们十分频繁的行为。人们通行经常使用汽车，快捷、安全且受风雨影响较小。燃油汽车一旦开动，就需要燃烧汽油。汽油作为一种常用消耗品，其价格也令人们十分"敏感"。

① 塞林旎. 倾听电动汽车背后的民众心声——中国电动汽车发展民意调查报告 [M]. 北京：机械工业出版社，2018：48.
②③ [美] 利维·泰尔曼. 大竞赛——未来汽车的全球争霸赛 [M]. 王冀，译. 北京：机械工业出版社，2018：18-19.

　　日本汽车的辉煌一直持续到今天，延续了数十年，其代表性企业丰田公司毫无疑问是世界上最成功的汽车企业之一，相当一段时间内是全球销量最高的车企，也曾经是全球市值最高的车企。丰田旗下子品牌很多，在世界上不少国家和地区都建有生产工厂，其产品自然也销往世界各地。2022 年，丰田汽车全球总销量为 1048 万辆，是唯一当年销量超过千万辆的品牌，比排名第二的德国大众汽车的销量（828 万辆）高了220 万辆。

　　韩国是新近崛起的汽车大国，其汽车工业起步较晚。1944 年成立的京城精密工业，是韩国起亚汽车的前身，也是韩国汽车工业的起点。但早期，韩国的汽车工业并没有取得多少进展，一直没有形成整车生产能力。1955 年，情况开始发生了变化，起亚汽车推出了其整车产品——Sibal。这款车主要是从国外引进零部件进行组装的，这种情况一直持续到 1964 年，前后组装了 3000 余辆。

　　韩国是新晋的"发达国家俱乐部"——OECD 的成员，其国土面积不大，人口也不算多，2022 年其人口数为 5162.8 万；但该国是世界上汽车生产第五大国，是名副其实的汽车大国，2022 年生产了376 万辆汽车，高于当年德国的产量。如表 1-1 所示，2022 年汽车生产大国中，第一名为中国，产量为 2702 万辆，占全球总量的31.8%；第二名为美国，产量为 1006 万辆，占全球总量的 11.8%；第三名为日本，产量为 784 万辆，占全球总量的 9.2%。在比韩国排名高的四个国家中，美国和印度在国土面积和人口数量上都远远超过韩国，日本的国土面积和人口数量也分别是韩国的将近 4 倍和2 倍以上。排名在韩国后面的德国、墨西哥和巴西，人口和国土面积都比韩国多了不少。即使排名最后一位的泰国，土地面积也是韩国的约 5 倍。韩国以较小的国土面积和人口数量，支撑了汽车的巨大产量，其汽车产业在世界上具有比较突出的地位。

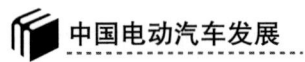

表1-1　2022年全球汽车产量前十强

国家	国土面积 （万平方公里）	2022年人口数量 （亿人）	2022年汽车产量 （万辆）	占全球总产量 比例（%）
中国	960	14.12	2702	31.8
美国	930	3.33	1006	11.8
日本	38	1.25	784	9.2
印度	300	14.17	546	6.4
韩国	10	0.52	376	4.4
德国	36	0.84	368	4.3
墨西哥	196	1.28	351	4.1
巴西	851	2.15	237	2.8
西班牙	51	0.48	222	2.6
泰国	51	0.72	188	2.2

资料来源：国土面积和人口数量源于《中国统计年鉴2023》；汽车产量及其占全球总产量比例源于"2022年全球汽车生产量排名，中国以2702万辆的产量排名第一，是排名第二美国的近3倍"https://zhuanlan.zhihu.com/p/660595741。

汽车产业是典型的资金密集型且技术密集型产业，还需要庞大的市场作为支撑，如同其他很多产品一样，往往离市场越近越有优势。由于汽车属于大宗物品，且体积较大，重量也较大，因此物流成本一般比较高。在面积比较大的国家，将一辆整车从东部运往西部或者从南部运往北部，仅物流成本就需要支出一笔不小的费用。出口则面临更多的挑战，不仅面临长距离的考验，还有运输时间拉长导致的资金回流慢、保护性关税壁垒以及文化差异等问题。因此，汽车产业往往需要有较大的本地市场作为支撑。

面积对发展汽车产业，特别是私人乘用车也有重要影响。面积较小的国家，往往可以通过公共交通来满足部分出行需求。面积较大的国家，理论上讲对汽车的依赖性更强，需要靠汽车进行长距离快速通行。如果考虑到矿产资源匹配性等问题，面积较大的国家往往也更有优势。

如表 1-2 所示，如果只考虑面积和人口两个重要因素，可从更多角度衡量和评价一个国家的汽车产业发展水平。这种评价方式将汽车产量看作分子，将人口数量和国土面积视为分母，计算结果为如何认识和看待某个国家的汽车产业提供了一种视角，计算公式为：

汽车产量（百万辆）÷［人口数量（亿人）×土地面积（百万平方公里）］

表 1-2　2022 年全球汽车产量前十强有关情况

国家	2022 年汽车产量（百万辆）	国土面积（百万平方公里）	2022 年人口数量（亿人）	产出情况（百万辆/百万平方公里·亿人）
中国	27.02	9.6	14.12	0.2
美国	10.06	9.3	3.33	0.3
日本	7.84	0.38	1.25	16.5
印度	5.46	3	14.17	0.1
韩国	3.76	0.1	0.52	72.3
德国	3.68	0.36	0.84	12.2
墨西哥	3.51	1.96	1.28	1.4
巴西	2.37	8.51	2.15	0.1
西班牙	2.22	0.51	0.48	9.1
泰国	1.88	0.51	0.72	5.1

资料来源：国土面积和人口数量源于《中国统计年鉴 2023》；汽车产量及其占全球总产量比例源于"2022 年全球汽车生产量排名，中国以 2702 万辆的产量排名第一，是排名第二美国的近 3 倍"https://zhuanlan.zhihu.com/p/660595741。

由表 1-2 可知，韩国汽车产业得分高居第一，远远高于汽车总产量前十强中的其他国家，是第二名日本的 4.4 倍，是最后一名印度和巴西的 723 倍。起亚作为韩国代表性汽车企业实力不俗，近年来全球年产量达 500 万辆以上，虑及其较少的人口数量和国土面积，达成这

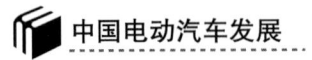

一成绩值得关注。相比较而言，印度人口按某些口径来算已跃居世界首位，国土面积为韩国数十倍，汽车工业起步也比较早，但发展水平不高，与韩国差距巨大，也远远落后于中国等发展中国家。需要强调的是，这不是要建立某种新的标准，更不是被广泛接受的方法，只是分析问题的一个角度。

进入 21 世纪的第二个十年，最波澜壮阔的故事是电动汽车的发展，纯电动汽车、混合动力汽车等不同技术路线的电动汽车大放异彩。特斯拉作为纯电动汽车生产商，在市值上成为全球第一汽车企业。近年来，中国电动汽车的发展尤其耀眼，无论是纯电动汽车、混合动力汽车还是增程式混合动力汽车，在庞大的国内市场和完善的供应链体系支撑下，都取得了不错的成绩，甚至在外观、内饰、电子娱乐系统开发、补能系统创新与完善方面，都走在了世界前列。比亚迪汽车放弃生产燃油汽车，彻底实现了电动化转型，并在 2023 年底生产的汽车数量超过了特斯拉，成为全球电动汽车产量最高的企业。蔚来汽车开发了换电式纯电动汽车，经过近十年的努力，在全国铺设了超过 2300 座换电站，为用户提供了超过 4000 万次换电服务，建成了全球独树一帜的换电服务网络。

回溯历史，可以看到，汽车的发展经历了一个由简单到复杂、由初级到高级的过程。正如其他事物的发展一样，汽车经过岁月的洗礼变得越来越好。在这个过程中，有以下五个因素起了十分重要的作用：

（1）动力系统越来越强劲。马力，向来是衡量汽车性能的重要标准，马力越大，性能越好。消费者在做出选择时，动力往往被置于十分重要的地位。在燃油汽车时代，马力基本上是衡量汽车性能的首要指标。

（2）续航里程越来越长。汽车发展历史上，燃油汽车打败了电动汽车，一个主要原因就是燃油汽车在单次补能后能够续航的里程远大于电动汽车。今天，电动汽车虽然在续航里程上有了革命性进步，但整体上仍然与燃油汽车存在一定差距，这也是影响其快速普及的一个重要原因。

（3）生产效率越来越高。生产效率高一方面可以降低可变成本，另一方面可以摊销固定资产投资成本。工业产品遵循的基本规律是生产效率越高，成本越低；成本越低，市场价格就越低；价格越低，越有利于普及。而市场占有率越高，越能促进企业的发展。生产效率对于企业的发展具有十分重要的作用。

（4）车身越来越安全。安全是汽车作为一种商品需要满足的基本条件。在今天，合格的安全测试已经成了许多国家和地区生产和销售汽车必须具备的基本条件。作为汽车生产厂家，也必须确保其产品满足政府规定的基本安全条件才能出售。有的汽车厂家为赢得消费者的信任和青睐，在安全上下足了功夫，所制定的标准要高于有关规定。其中，沃尔沃汽车就以其安全性闻名。

（5）外观与内饰品质越来越好。这是体现汽车品质的重要标志。高端品牌和豪华品牌的汽车，在外观与内饰上往往下足了功夫，且不断推陈出新。正如人们往往想买一件漂亮的衣服一样，如果具备相应的购买能力，不少人当然愿意为自己喜欢的外观和内饰付费。

随着时代的发展，今天的汽车逐渐由交通工具发展成为具有多重属性的商品。例如娱乐功能，车载音响设备很早就出现了，并得到了人们的喜爱。边开车边听音乐不仅是一种享受，也可以缓解驾驶的疲劳与无聊。现在，音响已经是汽车的一个必不可少的设备。得益于数字技术的发展，汽车成为一个网络终端和娱乐系统，可以听广播、观看电视剧、打游戏、卡拉 OK 等。汽车厂家使出浑身解数，通过开发更多更高水平的娱乐功能吸引消费者。有的汽车还配备了 VR 眼镜等辅助设备，人们可以在车上观看具有超大荧幕效果的影视片。

汽车家庭化是近年来的一个趋势。有的说汽车是"移动的家"，有的说汽车是"第二起居室"，叫法虽不同，但目的都是营造家的概

念。与此前汽车强调运动性能有所不同，汽车家庭化强调车内舒适性，从空间到触感都如此。在具体做法上，有的厂商兼顾汽车的运动性与舒适性，有的则以舒适性为主导。由于在乎汽车运动性的群体并不是很多，因此强调舒适性的汽车一时得到了市场更多的认可。不少车企开始给汽车配备了松软的座椅、比较适用的冰箱以及大屏幕，有人戏称为"冰箱、彩电、大沙发"。尽管有人认为这些东西技术含量不高，也有人认为有安全隐患，但仍得到了不少消费者的喜欢。近几年，此类汽车的销量不错。

由于电池技术的不断进步及自动（辅助）驾驶的出现和普及，汽车正由典型的机械产品发展成为电子产品，由功能工具发展为智能工具。汽车的竞争不仅是机械技术的竞争，更是电子技术的竞争；不仅是单一产品的竞争，更是体系化能力的竞争；不仅是稳定性的竞争，更是迭代速度的竞争。目前，汽车产业正在经历一场前所未有的深刻革命：动力系统发生了颠覆性变化，电池取代了油箱；功能得到了极大的拓展，由交通工具变为移动的休闲娱乐智能系统；驾驶模式发生了根本性变化，由必须依赖人的操作变为可以选择自动（辅助）驾驶完成绝大部分行程。

第二节　电动汽车发展的理论逻辑

电动汽车产业的发展，与可持续发展理论高度关联。可持续发展理论作为全球性的发展指导理念，其深远意义在于引领人类社会走向一种全新的发展模式。这一理念的核心目标是实现环境、经济和社会三大维度的和谐共进，即在促进经济增长、提高社会福祉的同时，保护自然环境，确保资源的可持续利用。该理论强调的是一种平衡艺术，旨在既满足当代人的需求，又考虑长远的未来，不以牺牲后代人的幸福生活为代价满足当代人的需求。这要求我们在发展过程中必须审慎考虑资源的利用方式，避免过度消耗，确保资源能够在代际公平分配，让子孙后代同样享有发展的机会和权利。

电动汽车产业与可持续发展理论高度契合。电动汽车的发展之所以被提上日程，这一点在环境保护、经济发展和社会责任等多个方面得到了充分体现。

在环境保护方面，传统燃油汽车的尾气排放是造成空气污染的主要原因之一，而电动汽车以其零排放或低排放的特性，为减少空气污染提供了有效途径。研究表明，"以汽车全生命周期行驶 15 万公里计算，在全生命周期内，增程式电动汽车碳排放量为 250.22 克/公里，传统燃油汽车的碳排放量为 360.91 克/公里，前者比后者减少了 30.67%的碳排放量；纯电动汽车的碳排放量为 214.34 克/公里，相比增程式电动汽车减少了 14.34%"[①]。电动汽车产业的发展，通过减少对化石燃料的依赖，有助于改善空气质量，降低温室气体的排放，缓解全球气候变化。随着科学技术的进步，电动汽车的能源效率不断提高，电池技术也在不断突破，使电动汽车的续航里程大大增加，充电和补能速度加快。这些技术进步进一步推动了电动汽车的普及。此外，电动汽车产业还促进了可再生能源的利用，如太阳能、风能等，这些清洁能源为电动汽车提供动力，形成了一个更加环保的能源循环系统，尤其是电动汽车动力电池可以分散储能的特点，为消纳风能等不稳定电源提供了有效路径。

在经济发展方面，电动汽车产业的发展不仅对环境保护具有重要意义，也给经济发展注入了新的活力。过去，燃油汽车不仅排放尾气造成环境危害，也使经济发展受到影响。以城市化进程为例，"全球城市化导致了严重的经济、社会和环境问题，不仅增加了能源消耗，造成汽车尾气污染，同时也降低了社会的生产效率，对经济的发展带

---

① 叶盛基. 中国增程式电动汽车产业发展报告［M］. 北京：机械工业出版社，2023：7-8.

来了更多的负面影响"①。电动汽车的发展则能够缓解这一问题。随着全球对电动汽车需求的增加，电池制造、电机生产、充电设施建设等相关产业链得到了快速发展，创造了大量就业机会，推动了经济增长。技术创新是电动汽车产业发展的重要驱动力。企业在电池技术、驱动系统、智能化等方面不断进行研发投入，促进了产业的技术进步和产品升级。市场竞争也促使企业提高产品质量、降低成本，增强了电动汽车的市场竞争力。这些因素共同作用，推动了电动汽车产业的健康发展，为经济的可持续发展提供了支持。

在社会责任方面，电动汽车产业的发展可减少对化石燃料的依赖，推动能源结构的转型，是电动汽车产业对环境保护的重要贡献。此外，电动汽车的普及也有助于提高公众对环境保护的认识，促进社会对可持续发展理念的认同和实践。电动汽车产业的发展还关注到了能源的公平获取和利用。通过推广电动汽车，可以减少对石油资源的依赖，减轻能源价格波动对经济和社会的影响，提高能源安全。同时，电动汽车产业也在积极探索如何通过技术创新来降低生产成本，使更多的消费者能够负担得起电动汽车，从而普及绿色出行。

马斯洛需求层次理论为电动汽车发展研究提供了新的视角。心理学家亚伯拉罕·马斯洛将人类需求分为五个层次，从低到高依次为生理需求、安全需求、社交需求、尊重需求和自我实现需求。刘泳麟（2024）从马斯洛需求层次理论角度探析了纯电动汽车的发展，认为"纯电动汽车的生产销售也恰好体现该理论部分层次的内容，符合了人类需求获取。生理需求是需求层次理论中最为原始的内容，其涵盖了衣、食、住、行等方面……传统燃油汽车的出现是满足早期人类更高效的出行需求，已普及了百余年。零排放的纯电动汽车推动着交通工具往满足美好生活环境需求方向而前进，符合'双碳'发展战略，

---

① 王梅力. 基于可持续发展理论的绿色交通综合评价研究［D］. 重庆：重庆交通大学，2017：2.

达到高质量出行需求"①。

从生理需求层面来看，人们最基本的需求包括食物、水、睡眠等，虽然电动汽车本身不直接满足这些需求，但它可以间接地提高人们的生活质量。例如，电动汽车的使用减少了对化石燃料的依赖，有助于减少空气污染，改善空气质量，为人们提供更健康的生活环境。电动汽车的低噪声也有助于减少噪声污染，提高人们居住环境的舒适度。

从安全需求层面来看，其包括身体安全、就业安全、健康和财产安全。电动汽车在安全方面的优势主要体现在减少交通事故和提高能源安全。电动汽车由于其较低的重心和先进的电子控制系统，通常具有更好的操控性和稳定性，这有助于减少交通事故的发生。同时，电动汽车的使用减少了对石油的依赖，有助于提高国家能源安全。

从社交需求层面来看，电动汽车的发展可以促进社区内的交流和合作。例如，电动汽车的充电站可以成为社区成员交流的场所，促进社区内的联系和团结。

从尊重需求层面来看，其包括自尊、自信、成就和他人的认可。电动汽车的发展可以满足人们对创新和科技进步的追求，提高个人的自信。同时，电动汽车的使用者通常会被视为环保和创新的代表，这有助于获得他人的尊重和认可。

从自我实现需求层面来看，作为马斯洛需求层次理论中最高层次的需求，其涉及个人潜能的实现和创造力的发挥。电动汽车的发展为人们提供了实现可持续发展和环境保护目标的机会，通过选择使用电动汽车，人们可以为减少温室气体排放和应对气候变化做出贡献，实现个人对社会和环境的积极影响。

技术创新理论与电动汽车产业的发展密切相关。这一理论由经济学家 Joseph Schumpeter 提出，其核心观点是技术创新是经济系统内部

---

① 刘泳麟. 从马斯洛需求层次理论角度探析纯电动汽车发展 [J]. 时代汽车，2024（8）：127-128.

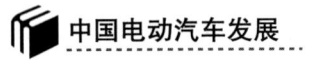

的"创造性毁灭"过程。这一理论认为，企业家通过引入新的产品、新的生产方法，开辟新的市场，控制新的原材料来源等途径，不断打破旧有的市场均衡，实现经济的持续增长和发展。

从技术角度来看，技术创新对电动汽车产业的推动作用主要表现在以下几个方面。首先，电池技术的发展进步乃至突破。从铅酸电池到镍镉电池，再到现在的锂离子电池，电池技术的每一次突破都极大地推动了电动汽车的性能提升和成本下降。固态电池等新兴技术的研发将为电动汽车产业带来新的变革。其次，电机和电控技术的创新。高性能的电机和精准的电控系统不仅提升了电动汽车的动力性能，而且增强了其智能化水平，提高了电动汽车的能效和驾驶体验。最后，补能技术的创新与发展缓解甚至解决了电动汽车"里程焦虑"的问题。快速充电技术、无线充电、智能充电网络乃至换电等补能方式的普及与发展，为电动汽车的普及提供了有力支持。

电动汽车的电池、电机和电控以及补能等技术与燃油汽车有很大的不同，其核心技术充分体现了创新性。但在发展的初期，其面临的挑战也比较大。主要包括：技术成熟度具有一定的不确定性，电池的安全性、寿命和环境适应性等仍是制约电动汽车产业发展的关键因素；成本压力较大，目前电动汽车的生产成本相对较高，尤其是电池成本占整车成本的比例较大，如何通过技术创新降低成本，提高电动汽车的市场竞争力，是产业面临的重要挑战；技术标准不统一，不同国家和地区、不同企业之间的技术标准存在差异，可能会影响电动汽车的互通性和市场推广。

此外，学者利用产业生命周期理论、正外部性理论、公共选择理论等也对电动汽车产业发展进行了分析。例如，产业生命周期理论认为，任何产业都要经历初创、成长、成熟和衰退四个阶段。目前电动汽车产业正处于成长阶段，其特点是技术进步迅速、市场需求增长快、企业数量增多，但同时也面临着较高的市场风险和不确定性。

第二章 发展电动汽车的意义

第一节 环境保护

环境保护，功在当代，利在千秋。环境可持续是人类赖以生存、可持续发展的基础。优良的空气、水和土壤既是孕育生命的温床，也是哺育生命成长以及延续后代不可或缺的条件。环境一旦遭到严重破坏，空气、水和土壤受到污染，轻则影响身体健康，重则令人失去生命。生活在当下的人们或许能够"苟延残喘"，但子孙后代将失去生存与发展的物质基础。保护环境是当代人必须担当的重大责任，这不仅仅是为了自身的健康幸福，也是为了人类的永续发展。

然而，随着社会的发展，人类在享受着技术进步带来的繁荣与便利时，还面临着多方面的环境威胁，如全球气候变暖、能源短缺、臭氧层破坏、土地荒漠化、有毒化学品污染等，其中不少问题与二氧化碳的排放有关，而二氧化碳的排放与燃油汽车尾气有关。

采用不同技术路线的汽车，其碳排放量不同。一般来说，燃油汽车碳排放量较大，混合动力（增程式）汽车碳排放量较小，纯电动汽车碳排放量最少。有分析表明，"以汽车生命周期行驶 15 万公里计算，在全生命周期内，增程式电动汽车碳排放量为 250.22 克/公里，传统燃油汽车的碳排放量为 360.91 克/公里，前者比后者少了 30.67% 的碳

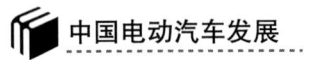

排放量；纯电动汽车的碳排放量为214.34克/公里，相比增程式电动汽车减少了14.34%"①。

燃油汽车，以及部分使用燃油驱动或使用燃油发电来驱动车辆的混合动力汽车，在燃烧汽油过程中产生了尾气；而尾气包含多种成分，其中的一氧化碳、碳氢化合物、氮氧化物、二氧化硫、含铅化合物和一些颗粒物等都会对环境造成一定污染，并导致多种不良后果，威胁着环境和人类。以下是与汽车尾气排放相关的部分环境危害。

（1）全球变暖，全球气温升高。近100年来，全球平均气温总体上呈现上升趋势；进入20世纪80年代后，全球气温明显上升。1981~1990年全球平均气温比100年前上升了0.48℃。全球变暖的主要原因是一个多世纪以来人类大量使用煤、石油等化石燃料，排放出大量的二氧化碳等温室气体，其中汽车尾气中的二氧化碳占有相当大的比例。"有统计显示，轻型车（含轿车、SUV和皮卡）的尾气排放约占全部温室气体排放的10%；而目前，全球汽车保有量大约在10亿辆。因此从理论上讲，每位购买电动汽车的用户，其无私的行为可以使全球温室气体排放减少大约一百亿分之一。"② 从个体来看，所占比例的确不高，但当数以亿计的人加在一起，汽车尾气中的二氧化碳也是一个天文数字。温室气体对来自太阳辐射的短波具有高度的透过性，而对地球反射出来的长波具有高度的吸收性，由此出现了"温室效应"，导致全球变暖。全球变暖后的温度上升，将使冰川和冻土消融为水，大量的水流入海洋导致海平面上升，严重威胁人类生存的环境。

（2）臭氧层被破坏，威胁地球生命。臭氧层存在于地球大气层近地面20~30公里的平流层里，臭氧含量占这一高度气体总量的十万分之一，含量虽然很低，却具有很强的吸收紫外线功能，从而挡住太阳

---

① 叶盛基. 中国增程式电动汽车产业发展报告 [M]. 北京：机械工业出版社，2022：8.

② ［美］利维·泰尔曼. 大竞赛——未来汽车的全球争霸赛 [M]. 王冀，译. 北京：机械工业出版社，2018：9.

紫外线辐射对地球生物的伤害。然而，人类生产和生活所排放出的一些污染物，如用于冰箱、空调等设备制冷的氟氯烃类化合物以及其他用途的氟溴烃类化合物，它们受到紫外线的照射后可被激活，形成活性很强的原子，与臭氧层的臭氧（O_3）作用，使其变成氧分子（O_2），这种作用不断发生，会不断消耗臭氧。南极臭氧层空洞就是臭氧层被破坏的一个最典型事例。

第二节　应对化石能源危机和风险

能源短缺问题已经在大多数国家和地区甚至全球出现。人类无计划、不合理地大规模开采能源的情况比较严重。20 世纪 90 年代初，全世界消耗能源总量约 100 亿吨标准煤，2020 年世界能源消耗总量约 190 亿吨标准煤[①]。从目前石油、煤的储量来看，要满足不断增长的能源需求存在很大问题，这些不可再生资源将越来越少，直到消失。

2016 年，我国石油表观消费量为 5.56 亿吨，石油净进口量为 3.58 亿吨，对外依存度高达 64.4%；以汽车平均年耗油量 1.60 吨每辆计算，2016 年我国汽车消耗成品油 3.10 亿吨，超过石油消费总量的 50%[②]。需要说明的是，未探明的石油并不计算在内；随着勘探技术的发展，石油的探明储量在一段时间内可能会不断增加。但是，地球的容量是有限的，石油资源也是有限的，探明储量不可能无限增加。总体而言，石油资源越用越少。

在煤炭资源方面，《BP 世界能源统计年鉴》中的数据显示，2022 年，全球煤炭资源储量为 10742.46 亿吨，当年全球煤炭产量达到

---

① 李忠军. 加速能源绿色低碳转型的三条路径［EB/OL］. https：//news. bjx. com. cn/html/20220325/1212969. shtml.

② 蹇林旎. 倾听电动汽车背后的民众心声——中国电动汽车发展民意调查报告［M］. 北京：机械工业出版社，2018：5.

了 88.03 亿吨[①]。按照该统计数据，现有储量可供开采约 122 年。2022 年，我国煤炭探明储量为 2070 亿吨，原煤产量为 45.6 亿吨，按 2022 年的产量估算，可供开采约 45 年。我国是煤炭资源大国，探明储量高居全球第二（仅次于美国），即使如此，按照目前的开采量，如果探明储量没有增加，可供开采年限不足 50 年，低于世界水平。况且，我国目前煤炭的消费量比开采量大，每年都要适当进口。如果考虑到人均储量，我国的煤炭安全水平更加不乐观。

随着人们生活水平的不断提高，以及大数据产业的发展（数据的传输、存储和处理都需要消耗大量的能源），社会对能源的需求将逐年攀升。如果不大力发展新能源，特别是风能、太阳能等资源丰富的能源，煤炭、石油等化石能源很快将满足不了需求，价格也将飙高。

第三节　减少开支

在电动汽车的诸多好处中，减少开支是比较明显的，也是消费者最容易感知到的，因此电动汽车很受消费者欢迎。使用经济实用型燃油车，每百公里油耗 6 升左右，每公里能耗费用约为 0.5 元；使用同等级别的纯电动汽车，每公里电耗约 0.2 度，使用商用充电桩充电的费用为 0.2 元左右，比油费少很多。经济实用型乘用车，每行驶 1 公里，纯电动汽车比燃油车节省 0.3~0.4 元；每行驶 1 万公里，纯电动汽车比燃油车节省费用 3000~4000 元，对于绝大多数人而言，这是一笔不小的资金。很多家庭用车每年行驶里程都在 1 万公里以上，这意味着每年可节省 3000 元以上。

如果是大排量车辆，能耗费用的差距更大。一般而言，燃油车性能越好，排量就越大，能耗费用就越高。实际生活中，部分车辆每公

---

① 林谖. 印尼煤炭开采潜力大　矿用抽放瓦斯管市场需求增长空间大 [EB/OL]. https://mp. weixin. qq. com/s/-LSSlm5wkDuj69dkLobhmQ.

里能耗费用在 1 元左右。电动汽车虽然与燃油车类似，性能越好，耗电量也越大，但体现在能耗费用上的差距要小得多。比如，一辆百公里加速 4.5 秒左右的电动汽车，使用商用充电桩充电，一般情况下其费用约为 0.25 元。高性能乘用车，每行驶 1 公里，纯电动汽车比燃油车节省约 0.8 元；每行驶 1 万公里，纯电动汽车比燃油车节省费用约8000 元。

除了能耗费用外，纯电动汽车的保养费用也比燃油车低不少。以蔚来汽车给出的保养建议方案为例，每 2 万公里做一次小保养，花费约 400 元；每 4 万公里做一次大保养，花费约 800 元。而很多燃油车给出的保养方案为每 0.5 万公里做一次小保养，花费约 1000 元；每1 万公里做一次大保养，花费约 2000 元。按行驶 4 万公里测算，电动汽车的保养费用共计约 1200 元，燃油汽车的保养费用约 12000 元，纯电动汽车的保养费用仅为燃油车的 10% 左右。

纯电动汽车的保养费用之所以如此便宜，与其结构有关。由于采用电驱动，纯电动汽车没有发动机和变速箱，减少了很多零部件，保养的项目也大大减少。纯电动汽车的零部件大概为 1700~2000 个，燃油车则多达 7000~10000 个。零部件越多，需要保养维护的部分就越多，保养维护的成本也就越高。

第四节　促进健康

燃油汽车尾气具有多种危害。尾气中的一氧化碳经呼吸道进入血液循环会降低血液载氧能力。一氧化碳与血红蛋白结合后生成碳氧血红蛋白，从而减弱了血液向各组织输送氧气的功能，危害中枢神经系统，造成人的感官、反应、理解、记忆力等功能障碍，甚至还会导致生命危险。

吸入尾气中的氮氧化物还会影响呼吸道和心肺健康。研究表明：

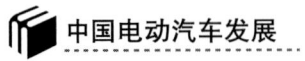

在二氧化氮浓度为 9.4 毫克/立方米的空气中暴露 10 分钟，即可造成人的呼吸系统功能失调。

尾气中的碳氢化合物会刺激眼睛、呼吸道。在太阳紫外线的作用下，尾气会产生一种具有刺激性的浅蓝色烟雾，对人体最突出的危害是刺激眼睛和上呼吸道黏膜，引起眼睛红肿和咽喉炎。

尾气中的固体悬浮颗粒会随呼吸进入人体肺部，以碰撞、扩散、沉积等方式滞留在呼吸道的不同部位，引起呼吸系统疾病，当悬浮颗粒积累到临界浓度时，便会激发形成恶性肿瘤。

尾气中的铅含量超标可引发心血管系统疾病，并影响肝、肾等重要器官的功能及神经系统。由于铅尘比重大，通常积聚在高度 1 米左右的空气中，对儿童的威胁最大。

燃油汽车尾气中含有氮氧化物、挥发性有机物等物质，也会间接产生 PM2.5，危害环境，影响人体健康。

除了没有尾气的影响外，纯电动汽车由于没有发动机，比较安静（噪声低），这也对人体健康有利。研究表明，噪声对健康的影响也是多方面的，主要包括：导致睡眠困难或影响睡眠质量；长期处于噪声环境易使人心情烦躁和焦虑（甚至会导致抑郁症等），使听觉神经受损，出现耳鸣和听力下降等不适症状；还可能导致免疫力下降。

需要强调的是，尽管汽车尾气对人体健康有影响，但并不明显，特别是就个体而言很难在尾气与某种疾病之间找到直接的强关联性。人们生病或者不适，有多种原因，且同个人身体素质有关，就如有人乘车会晕车，有人则不会。但是，就整个环境而言，汽车尾气的影响是不容忽视的，而人类的健康当然与环境相关。一辆普通汽车每行驶 1 公里所排放的二氧化碳为数十克甚至数百克；发动机每燃烧 1 升燃料向大气层释放的二氧化碳为 2.5 千克。按每人平均每天行驶 30 公里、每百公里油耗 6 升估算，每人每天开燃油车排放二氧化碳 4.5 千克；全国约有车辆 4 亿辆，每天共排放二氧化碳 18 亿千克，合计 180

万吨。其他形式的估算也认为，全国如果每年少开一天车，可减少排放二氧化碳 122 万吨。无论采用哪种估算方法，因为使用燃油汽车而排放的二氧化碳总量都是十分惊人的，对环境产生了很大的负影响。这也是地球温室效应加剧的重要原因。

　　与燃油汽车相比，纯电动汽车不燃烧汽油，没有尾气，没有尾气中的各类气体和化学物质，当然也没有尾气中的有害物质，大大降低了对车辆使用者的健康威胁。

第三章　中国电动汽车的
发展现状

　　与世界汽车强国相比，我国汽车产业起步较晚。

　　1956 年，中华人民共和国成立 7 年后，第一辆汽车"解放"牌货车下线投放市场，结束了中国不能生产汽车的历史。在此之前长达半个多世纪里，美国、英国、德国等老牌资本主义国家的汽车工业已经走过了漫长的道路，燃油汽车不断发展，电动汽车也已经过多次努力并曾经取得过一定成绩。由于种种原因，第二次工业革命时期的中国在工业上仍然比较落后，与世界主要工业强国的技术联系也不紧密，汽车技术没有在中国取得有影响的进展。与美国、日本以及西欧诸国相比，即使在第二次世界大战后的新一轮电动汽车浪潮中，中国仍然鲜有涉足，直到 20 世纪 80 年代后期才开始探索电动汽车之路，比美国等多数汽车强国晚了约 20 年。事实上，在 20 世纪 80 年代以前，由于方方面面的原因，中国汽车产业发展十分缓慢，汽车进入家庭并不常见，汽车消费对绝大多数人而言可望而不可即，虽然人口众多，但汽车市场并不是很大。

　　随着改革开放的推进，到了 20 世纪 80 年代中后期，一部分人收入增长较快，消费能力得到快速提升，其中一些人已经具备了汽车消费能力，汽车进入家庭的速度开始加快。对电动汽车的研发也在这一时期开始了。

在我国，叶文贵较早开始制造电动汽车的尝试。据媒体上的一些报道，1969 年 10 月，叶文贵 19 岁，到黑龙江省七台河市插队，发现关内和关外土特产差价很大，就顺便做起了生意，和几名同乡办起了锹柄厂。到 1978 年回乡时，他已经是万元户了。在那个时代，恰逢改革开放关键转折期，叶文贵何时开始办厂已经难以考证，从时间上看，或许 1978 年之前他就已经开始办厂了。

回乡后的叶文贵进入文成县民政局所属的五金厂工作。此时，在文成县，以铝制徽章、标牌为主的家庭工厂已然兴起。叶文贵发现，在家乡金乡，交通比较落后，人们搞家庭工业的原材料——铝板，全靠船载肩挑从外地输入，运输不便，不光增加了成本，还容易导致材料紧缺而影响生产。叶文贵的想法是，离开工厂，成立公司，以更灵活的方式解决经营中存在的问题。于是，他将亲戚、朋友组织起来，开了一家轧铝厂。

1979 年春节期间，叶文贵将亲戚、朋友召集起来，每人出资 400元，盖厂房，买机器，当年年底就开始投产；仅 4 个月，全部投资便已收回；截至 1982 年，净赚 20 多万元。当初每人只不过投资 400 元，3 年时间便增长了 25 倍多，股东可都高兴坏了。经历过长期物质短缺的人们，在改革开放后爆发出了惊人的消费能力和追求财富的意愿。到 1988 年的时候，叶文贵已经成为千万富翁。那个时候，虽然改革开放已经走过 10 年，但由于基础太薄弱等原因，中国的富人还不多，积累的财富也少，在很多地方，"万元户"就很有地位了。叶文贵作为千万身家的企业家，在那个时期，财富地位是非常突出的。

有了钱的叶文贵，开始圆青年时期的梦想——制造汽车。尽管那时候汽车离普通百姓还比较遥远，但先富起来的叶文贵相信更多的人会富起来，会具有消费汽车的能力，而汽油会逐渐紧缺，环保汽车的开发就非常有意义和前景。于是，他十分投入地开始了研发电动汽车

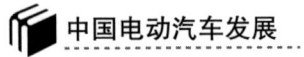

之旅。

1989 年，叶文贵造出了电动汽车，为四座轿车，取名为"叶丰号"。

1990 年 10 月，叶文贵的车获得了政府的认可（见图 3-1）。

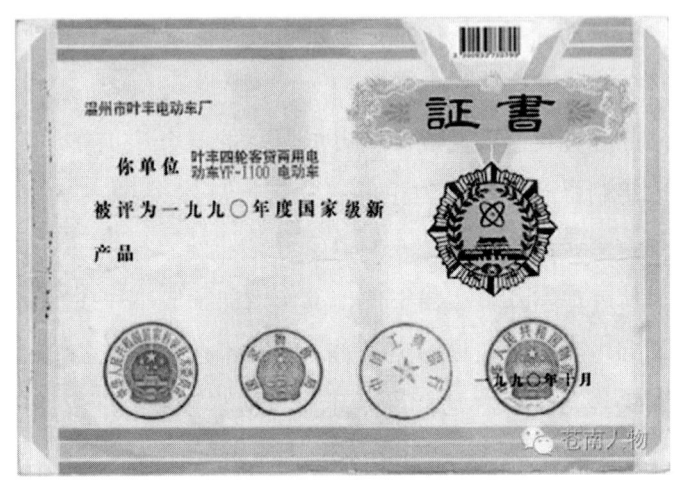

图 3-1　叶文贵创办的温州市叶丰电动车厂国家级证书

1993 年，叶文贵研制出首辆混合动力小轿车样车，据说这是中国第一辆混合动力汽车。这辆车一次充电可以行驶 200 公里，最高时速 80 公里。

叶文贵先后投入了超过 1500 万元研发生产电动汽车。但是，在那个时代，不要说中国，全世界的电动汽车市场都还处于新一轮电动化浪潮的起点，技术储备、基础设施支持、政府政策、供应链生态等都还处于起步阶段，商品化的成本过高，无法走向大众消费领域。最终，由于其个人积累的财富毕竟有限，叶文贵的电动汽车梦破灭了，于 1995 年走到了尽头。叶文贵虽然失败了，但他锐意进取、积极创新的精神和关心环境保护的理想主义情怀值得铭记。

我国由于人多地少，石油资源有限，且汽车工业起步较晚，在燃油汽车领域与世界汽车强国差距较大，因此发展新能源汽车引起了不少人的重视。鼎鼎有名的"两弹一星"功勋人物钱学森院士就曾大力呼吁发展新能源汽车。钱学森院士认为，保护环境是十分重要的，随着我国经济社会的发展，汽车保有量也将大大增加，这对环境将产生巨大的压力，应跳过发展燃油汽车阶段直接加大力度发展电动汽车，迎头赶上，力争后来居上。1992 年 8 月 22 日，钱学森院士向时任国务院副总理邹家华提出了发展新能源汽车的建议（见图 3-2）。

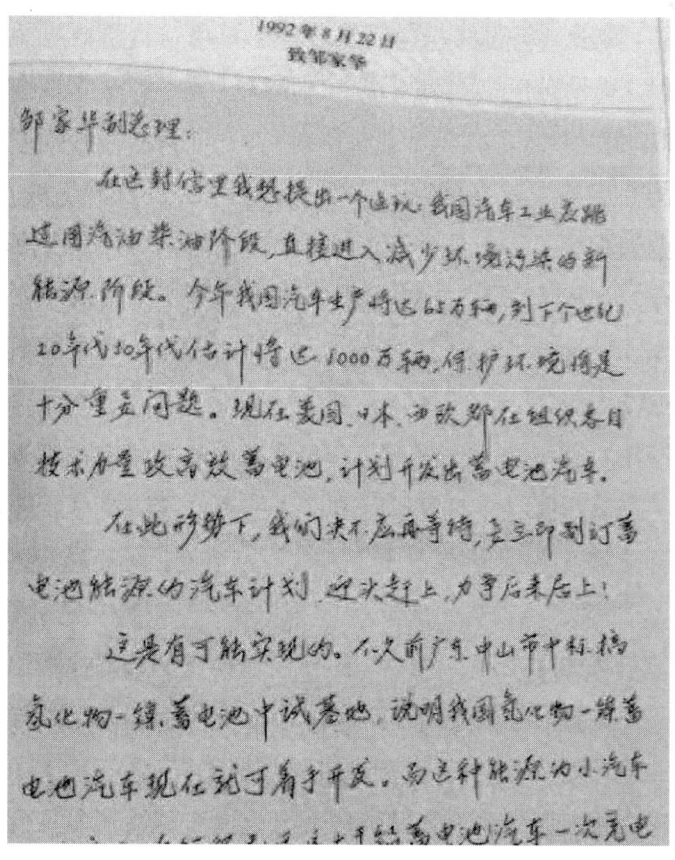

图 3-2　钱学森致信时任国务院副总理邹家华

进入 21 世纪以来，人类面临着全球平均气温上升的巨大压力，环境问题引起了全球的广泛关注。化石燃料的使用是温室气体的主要来源。使用燃烧汽油的方式驱动车辆会产生大量二氧化碳，导致气温上升，加剧地球温室效应。将汽车由燃烧汽油驱动改为电驱动再次被提上日程，并引起前所未有的重视，目的是控制温室气体排放，延缓气温上升趋势，减少环境灾难，保护人类赖以生存的环境。中国在这方面下了很大决心，并进行了大力投入，连续出台了相关政策支持和鼓励新能源汽车发展。

2009 年，我国政府推出"十城千辆节能与新能源汽车示范推广应用工程"，计划用三年时间，每年发展十个城市，每个城市实现一千辆新能源汽车的示范应用。2009 年，财政部、科学技术部联合发布了《关于开展节能与新能源汽车示范推广试点工作的通知》，明确指出在北京、上海、重庆、长春、大连、杭州、济南、武汉、深圳、合肥、长沙、昆明及南昌 13 个城市开展节能与新能源汽车示范推广试点工作。

财政部、科学技术部、工业和信息化部、国家发展和改革委员会联合于 2010 年发布了《关于扩大公共服务领域节能与新能源汽车示范推广有关工作的通知》，明确在原有 13 个城市的基础上增加天津、广州、海口、郑州、厦门、苏州和唐山 7 个试点；同年 6 月，联合发布了《关于开展私人购买新能源汽车补贴试点的通知》；2013 年 9 月，联合发布了《关于继续开展新能源汽车推广应用工作的通知》；2014 年，联合发布了《关于进一步做好新能源汽车推广应用工作的通知》；2015 年，联合发布了《关于 2016—2020 年新能源汽车推广应用财政支持的通知》，决定对补贴标准实施"退坡机制"。

持续的、大力度的政策补贴推动了电动汽车的快速发展，但过程中也存在一些问题，如骗取国家补贴等。财政部于 2016 年 9 月发布的《关于地方预决算公开和新能源汽车推广应用补助资金专项检查的通报》指出，中央财政自 2009 年起开始对新能源汽车推广应用予以补助，截至 2015 年底，累计发放补助资金 334.35 亿元；2016 年初，对 90 家主要的新能源汽车生产企业进行了专项检查，共检查了 2013～2015 年获得或已申报中央财政补助的 40.1 万辆新能源汽车，抽查了 13.3 万辆车的运营状态，通报了苏州吉姆西、苏州金龙、深圳五洲龙、奇瑞万达贵州客车以及河南少林客车 5 家公司骗取国家财政补贴资金共 10.1 亿元，骗取方式包括有牌无车、有车无电、标识不符和车辆闲置等。

另外，我国新能源电动汽车发展早期存在车型多、销量较差的情况，但有个别产品已在国际市场崭露头角。2017 年上半年，全球销售数量前五位的车型分别为：丰田普锐斯，售出 26867 辆；日产聆风，售出 26591 辆；特斯拉 Model S，售出 25450 辆；特斯拉 Model X，售出 21550 辆；知豆 D2，售出 18693 辆，此为我国自主品牌[1]。

我国电动汽车发展所取得的成绩主要应归功于国家相关产业政策的大力支持。如果没有国家政策的支持，没有人愿意投资电动汽车产业；即使有，也很难活下来，更不要说发展了。这种支持不仅创造了电动汽车发展的氛围，明确了大力发展电动汽车的方向，更在于提供了补贴、税收减免等实实在在的帮助。

当然，更关键的问题是，在政府进行一段时间的帮扶后，行业能否走上自我"造血"、良性经营的发展之路。有时候，路很短，很快就能实现目标；有时候，路很漫长；有时候，路不仅漫长，还很曲折。

任何事物都很难十全十美，电动汽车也一样。使用过电动汽车的人大多认可电动汽车的经济性和静音性等优点，也知道其续航较短、充电不便等问题。面对电动汽车这一比较新的事物，有的人愿意改变看法，接受并乐于购买和使用电动汽车。有的人一旦认为电动汽车不

---

① 塞林旎. 倾听电动汽车背后的民众心声——中国电动汽车发展民意调查报告 [M]. 北京：机械工业出版社，2018：27.

好，就很难改变这种"固执"。围绕电动汽车的争议还将持续，电动汽车的发展尽管速度较快，但仍将面临较大的困难。

那么，来自市场的反馈又怎么样呢？尽管有人还在质疑、观望，但更多的人认为电动汽车是发展趋势，其中一些人更是以真金白银购买了电动汽车。此前购买电动汽车的人的普遍反馈是：使用成本真是太低了。各地各类运营车辆电动化速度尤其快，最主要的原因就是电费比油费便宜。"新能源汽车的发展大势已在全球形成共识，并正由政策驱动转向市场驱动。"①

无论怎么说，在政府大力度、持续多年的支持下，电动汽车产业取得了明显的进步。

2021年，我国新能源汽车的销量超过350万辆，较2020年增长了158%，市场占有率提升至13.4%，较2020年有较大幅度的提升（2020年的新能源汽车市场占有率为5.4%）；出口31万辆，较2020年增长了3倍；纯电动汽车销量达到291.6万辆，同比增长161%，占比超过82%；插电式混合动力汽车销量为60.3万辆，同比增长140%；新能源汽车（乘用车）2021年销量较2020年增长167.5%，新能源商用车销量较2020年增长54%。2021年，我国充电基础设施增量达93.6万台，全国充电基础设施保有量达261.7万台，同比增加70.1%②。这一年，比较可喜的变化是，新能源汽车的发展开始显现出摆脱依赖补贴的势头，由政策驱动向市场驱动过渡。人们对新能源汽车的认识，在经历较长时间的积累后，由量变开始转为质变。在此过程中，技术的进步，特别是电池续航里程的迅速增加，改善了消费者体验；同时，相比燃油汽车低得多的能耗成本以及良好的启动速度响应，让越来越多的消费者认为新能源汽车比燃油汽车

---

① 叶盛基.中国增程式电动汽车产业发展报告［M］.北京：机械工业出版社，2022：2.
② 火石创造网.2021年我国新能源汽车产业发展情况简要分析［EB/OL］.https：//www.hsmap.com/detail/1/926.

要好。

2022 年，中国电动汽车的销量持续高速增长，成为爆发式增长的一年。这一年，也是中国社会对电动汽车看法发生根本性改变的一年。如果说以前电动汽车只得到了少部分人的认可，那么，经过多年的市场培育，2022 年后大部分人在认知层面开始改变了对电动汽车的看法，不再抵触甚至排斥了（如表 3-1 所示）。这种意识一旦松动，就会像冰封的雪地在春雨的浇灌下松软起来，最终对新事物的接受就会生根发芽，开花结果。

表 3-1　2019 年、2021 年和 2022 年我国电动汽车月销量

时间	销量（万辆）	增速（%）	时间	销量（万辆）	增速（%）①	时间	销量（万辆）	增速（%）
2019 年 1 月	10.30	167.30	2021 年 1 月	17.30	67.96	2022 年 1 月	34.70	100.57
2019 年 2 月	5.20	67.90	2021 年 2 月	10.30	98.08	2022 年 2 月	33.40	224.27
2019 年 3 月	13.60	101.80	2021 年 3 月	21.50	58.09	2022 年 3 月	44.50	106.98
2019 年 4 月	10.00	23.10	2021 年 4 月	18.30	83.00	2022 年 4 月	28.20	54.10
2019 年 5 月	11.30	-0.90	2021 年 5 月	19.80	75.22	2022 年 5 月	32.50	64.14
2019 年 6 月	15.10	78.30	2021 年 6 月	24.20	60.26	2022 年 6 月	53.20	119.83
2019 年 7 月	8.10	-1.00	2021 年 7 月	23.50	190.12	2022 年 7 月	56.40	140.00
2019 年 8 月	7.90	-19.10	2021 年 8 月	28.40	259.49	2022 年 8 月	66.60	134.51
2019 年 9 月	7.50	-34.70	2021 年 9 月	35.00	366.67	2022 年 9 月	70.80	102.29
2019 年 10 月	7.20	-47.60	2021 年 10 月	33.00	358.33	2022 年 10 月	44.73	35.55
2019 年 11 月	10.40	-37.60	2021 年 11 月	42.00	303.84	2022 年 11 月	78.6	87.14
2019 年 12 月	17.70	-20.40	2021 年 12 月	52.90	198.87	2022 年 12 月	70.40	33.08

自 2009 年我国汽车产销量首次双双突破 1000 万辆，超越美国成为世界第一大汽车产销国以来，我国连续保持了世界最大汽车产销国的地位。2023 年，我国汽车产销量双双超过 3000 万辆，是 2009 年的

---

①　相对于 2019 年的增长幅度，2020 年受疫情影响，波动较大，所以从跨年度对比看增长情况。

3倍，迈上了新的台阶；出口汽车491万辆，第一次成为世界第一汽车出口国。2023年第四季度，比亚迪超过特斯拉，成为全球最大的电动汽车制造商。

近年来，我国新能源汽车加快发展，除了得到全球很多国家和地区的支持外，还有一个非常重要的因素就是，技术取得了突飞猛进的提升。以中国新能源汽车的续航里程为例，"电动汽车续航里程从2017年的350.3公里（B级电动汽车，均值）到2021年的546.9公里，续航里程增加了56.1%；在耗能降低方面，以比亚迪为例，2017年比亚迪E6每400公里耗能约为82千瓦时，2021年比亚迪秦Plus每400公里耗能约为47.5千瓦时，节能42.1%。电动汽车在续航里程和能耗方面的大幅进步有力地提高了电动汽车的市场竞争力，为用户选择电动汽车提供了更为充分的理由"[1]。

2021年以前的一段时间，我国新能源电动汽车主要为纯电动汽车（如表3-2所示）。

表3-2 2021年我国各类型电动汽车生产情况[2]

电动汽车类别	销量（万辆）	同比增长（%）
电动汽车生产总量	354.50	159.50
新能源乘用车	335.90	169.50
纯电动乘用车	276.10	178.80
插电式混合动力乘用车	59.80	133.50
新能源商用车	18.60	55.40
纯电动商用车	18.10	58.30
插电式混合动力商用车	0.30	−20.20

[1] 刘敦楠，王文. 电动汽车负荷聚合商参与市场：机制与策略 [M]. 北京：中国电力出版社，2023：3.

[2] 刘敦楠，王文. 电动汽车负荷聚合商参与市场：机制与策略 [M]. 北京：中国电力出版社，2023：2.

根据表3-2中的数据计算，在数量上，纯电动汽车占电动汽车总数的83.00%，其中，纯电动乘用车占电动乘用车总数的82.20%，纯电动商用车占电动商用车总数的98.37%；从增长幅度来看，纯电动乘用车比插电式混合动力乘用车增幅高45.3个百分点，纯电动商用车比插电式混合动力商用车增幅高78.5个百分点。

另外，2019~2021年，纯电动汽车销量增速一直非常快，都超过80%，势头非常强劲。《新能源汽车产业发展规划（2021—2035年）》中提出了到2025年新能源汽车新车销售量达到汽车新车销售总量20%左右的目标，力争经过15年的持续努力，纯电动汽车成为新销售车辆的主力。

与世界相比，中国电动汽车的发展速度尤其快，已成为世界电动汽车产业发展名副其实的"火车头"。"2021年，全球新能源汽车销量合计689万辆，同比增长110%；我国新能源汽车占全球新能源汽车市场比例为51%，并连续7年销量位居全球第一。"[①] "2021年我国电动汽车保有量达到了784万辆，产量达到了354.5万辆，车辆类型主要包括新能源乘用车和新能源商用车，主要动力类型包括纯电动式新能源车和插电式混合动力新能源车。"[②]

截至2022年，我国新能源汽车产销量已连续8年位居全球第一，有9200余家动力电池相关企业，超过57%的相关企业成立于近5年内。2022年，我国新能源汽车产销量分别达到705.8万辆和688.7万辆，同比增长96.9%和93.4%，合计市场占有率达到25.6%；仅2022年12月，新能源汽车产销量分别达到79.5万辆和81.4万辆。从细分市场来看，纯电动汽车销量为536.5万辆，同比增长81.6%；插电式混合动力汽车销量为151.8万辆，同比增长1.5倍。充电基础设

---

① 叶盛基．中国增程式电动汽车产业发展报告［M］．北京：机械工业出版社，2022：2.

② 刘敦楠，王文．电动汽车负荷聚合商参与市场机制与策略［M］．北京：中国电力出版社，2023：2.

施增量为 259.3 万台,其中公共充电桩增量同比上涨 91.6%;动力电池累计产量 545.9 吉瓦时,累计同比增长 148.5%[①]。这一年,纯电动汽车即便经历了锂电池原材料大涨价导致的成本上升,依旧保持了很快的增速(超过 80%,延续了过去三年的势头);但由于其价格过高等因素,在增长速度上首次落后于插电式混合动力汽车(增速达 150%),也正是这一年,增程式混合动力汽车崛起。

不同的技术路线在不同时期有不同的表现,但总体上来看,新能源汽车行业发展如此迅速,超出了很多人的想象。从表 3-3 的数据来看,随着技术快速发展、基础设施不断完善、人们观念的持续转变,新能源汽车的发展在 2023 年继续高歌猛进。

表 3-3 1994~2023 年中国汽车及新能源汽车产销量

年份	汽车		新能源汽车	
	产量(万辆)	销量(万辆)	产量(万辆)	销量(万辆)
2023	3016.1	3009.4	958.7	949.5
2022	2702.1	2686.4	705.8	688.7
2021	2608.2	2627.5	354.5	352.1
2020	2522.5	2531.1	136.6	136.7
2019	2572.1	2576.9	124.2	120.6
2018	2780.9	2808.1	127.0	125.6
2017	2901.5	2887.9	79.4	77.7
2016	2811.9	2802.8	51.7	50.7
2015	2450.3	2459.8	34.0	33.1
2014	2372.3	2340.2	8.4	7.5
2013	2211.7	2198.4	1.8	1.8

---

① 张辛欣. 产销连续 8 年全球第一,我国新能源汽车保持高速增长 [Z]. 新华社,https://www.gov.cn/xinwen/2023-01/13/content_5736715.htm.

续表

年份	汽车		新能源汽车	
	产量（万辆）	销量（万辆）	产量（万辆）	销量（万辆）
2012	1927.2	1930.6	1.3	1.3
2011	1841.9	1850.5	0.8	0.8
2010	1826.5	1806.2	0.7	0.7
2009	1379.1	1364.5		
2008	934.5	938.1		
2007	888.2	879.2		
2006	728.0	721.5		
2005	570.8	575.8		
2004	507.1	507.1		
2003	444.4	439.2		
2002	325.1	324.9		
2001	233.4	236.4		
2000	206.9	208.9		
1999	183.1	183.3		
1998	162.9	160.5		
1997	158.3	156.6		
1996	147.5	145.6		
1995	145.3	143.9		
1994	135.3	133.7		

资料来源：历年《中国汽车市场年鉴》《中国汽车贸易年鉴》。

2023 年，除了 1 月因节假日因素影响导致同比增速为负，其他各月都实现了正增长，除 9 月增幅为 29.7%外，其他各月增幅都在 30%以上，最高达 110%。全年新能源汽车销量为 949.5 万辆，同比增长37.9%，占汽车销量的 35.65%。同过去几年相比，新能源汽车销量增速大幅下滑了（过去主要是基数比较低），但仍然远远高于燃油汽车和行业整体的增长速度。2023 年，我国汽车销量为 3009.4 万辆，同比增长 12%；其中燃油乘用车国内销量 1404.3 万辆，比上年同期下降 109.4 万辆，下降 7.2%[①]。

据工业和信息化部预计，2024 年我国新能源汽车将持续保持高速增长态势，产销量将达到 1150 万辆左右，增长 20% 左右，远高于汽车行业（预计增长 3% 左右）的增幅。

从渗透率来看，2018 年，新能源汽车的市场渗透率约为 3.3%，至 2021 年其市场渗透率已超过 11%（年度平均水平，12 月达 22.6%），且在有限购政策的城市，其市场渗透率超过 23%（年度平均水平）[②]；2022 年渗透率达 28%，领先全球多达约 1 个百分点；2023 年 11 月渗透率达 40.4%。2023 年，我国新能源电动汽车渗透率整体上呈现上升趋势，1—10 月分别为 24.7%、30.9%、34.3%、32.3%、32.0%、35.1%、36.1%、35.0%、36.9%、33.0%[③]。渗透率出现下滑的主要原因是汽车降价、新车型推出等。一般车企为了促销、缓和与老车主的关系等，会提前宣布或者通过某种渠道透露将推出的新车型，或者会降价。听到此类消息的消费者往往会持币观望，等到降价后再购买，或者等着购买新车型，这样就导致消费释放的过程并非平缓进行，而是波动较大。另外，来自政府的促消费支持，或者公司销售策略的调整也会影响社会消费节奏，导致某一段时间的消费需求在某些时点集中释放，而集中释放后则会出现消费相对平淡的时期，需要等待一段时间，待消费意愿积累后才能恢复到正常水平。

从动力形式来看，当前我国新能源汽车多种技术路线并行，有燃油汽车、混合动力汽车、纯电动汽车等；其中混合动力汽车包括插电式混合动力汽车和增程式混合动力汽车。哪种技术路线更好，理论上

①③　数据来源于中国汽车工业协会。
②　刘敦楠，王文．电动汽车负荷聚合商参与市场机制与策略［M］．北京：中国电力出版社，2023：3.

讲可以通过设定一定的参数并进行认真的计算和比较后得到清晰的结论。

但用车场景的复杂性，让不同技术路线的汽车之间的比较变得更为复杂，孰优孰劣的争论比较大，难以得出比较一致的结论。纯电动汽车往往被认为更适合上下班使用，最多在城市里面用；混合动力汽车则被认为更利于长途使用。考虑到人们认识和接受事物有一个过程，对汽车好与不好的评价变得更加难以确定了。正因为如此，尽管混合动力汽车和纯电动汽车时至今日在很多人看来已经非常成熟，但仍然有更多人还是认为燃油汽车更好，据统计，有60%以上的人在买车时还是选择了燃油汽车。

另外，汽车产业的变革涉及非常庞大的供应链体系和大量的就业人口，任何政府在决策时都要考虑到方方面面的利益和诉求。一旦操之过急，会带来严重的社会问题，甚至引发灾难性结果。因此，各国和地区在制定汽车产业政策时都十分谨慎，尽量避免过大的震荡。在一段时间内，多技术路线并行是现实的选择，是完全可以理解的。

如何平衡各技术路线之间的关系也是十分重要的。因为资源有限，多方投入相对更加安全可靠，可以"边走边看"，在尝试性前进中通过市场决策再不断调整策略和取舍，看看哪条技术路线最易得到市场和消费者的青睐，就重点支持哪条技术路线；特别是对于超大规模的市场而言，因为消费者认知和喜好的多样性，完全可以支持多种技术路线的探索与竞争。

不过，对于汽车企业而言，选择多种路线并行的方式需要更加谨慎。企业的资源是有限的，如果什么都投入，就会导致力量被分散，短期来看似乎有利于产品多样化、有利于刺激消费、有利于扩大市场占有率，但长期来看并不利于发展；特别是在国际竞争十分激烈的背景下，过于分散的投入必然不利于提升产品竞争力。况且，依赖市场做出选择也并非完全正确。例如，为了解决环境问题而提上日程的各

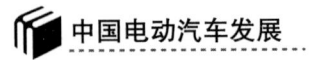

类采用新的动力技术路线的汽车，很多年了仍然没有得到市场的广泛认可，但各国政府仍然采取补贴等方式支持发展。汽车企业在做发展规划时，应充分考虑市场发展趋势以及社会效益，立足于长远与整体，与政府的规划与人类解决环境问题的愿望和努力更紧密地结合起来，更好地实现经济效益和社会效益的平衡。

能耗以及相应的续航表现直接关系到新能源汽车，特别是纯电动汽车的市场认可度和竞争力，这也是新能源汽车生产企业高度关注的问题，当下仍然在快速进步。

2023 年 12 月 17 日，蔚来汽车董事长李斌做出了一个惊人的举动：在环境温度为零下几摄氏度的情况下，使用该公司旗下的 ET7 轿车和该公司参与研发的 150 度半固态电池包，在高速公路上行驶 1000 公里，进行续航测试。

低温天气是电动汽车的"杀手"，会使其续航里程受到不小影响，原因包括电子活性受影响、电动汽车需要消耗电力驱动空调升高车内温度（燃油汽车则可用发动机预热驱动空调）等。

很多关心蔚来发展的人为李斌及蔚来公司捏了把汗，不太理解为什么选择这样的日子来挑战新能源汽车特别是纯电动汽车的续航里程。

当天早上 6 点 30 分稍过，李斌如约而至，与腾讯新闻运营总经理黄晨霞女士到了出发点。黄晨霞是福建人，她希望能搭乘这辆测试车回家，当然也是一次可以追踪热点事件以为其服务的机构提供不可多得的新闻素材的机会。

出发的时候，蔚来 ET7 表显续航里程 1044 公里，比满电表显续航里程（1050 公里）少了 6 公里。蔚来公司的目的是希望能跑到 1000 公里以上，对电动汽车而言，这是里程碑式的成绩，能起到很好的宣传效果。

这次续航测试的特别之处除了能不能跑 1000 公里外，还有全程直播。全国不少关注新能源汽车的人会看，很多平时不关心新能源汽车的人也会看。当天浏览人数超过 1.5 亿，讨论超过 1.5 万次，热度不低。

坐上车后，李斌面对直播镜头表示尽量降低预期，表示能跑多少算多少，但其实还是很期待达到 1000 公里：如果目标达成，其象征意义和宣传效果都远远高于 900 多公里，哪怕是 990 公里。他首先关注的是能耗，一启动车辆就看了仪表盘上的功耗，开始边开车边念念有词地说，功耗控制在每百公里 14.5 千瓦就能达成目标。

但是，刚刚起步阶段，功耗在每百公里 16 千瓦左右。如果一直这样，1000 公里目标当然难以达成。

车开上了高速公路后，李斌也刻意将速度设定在 90 公里上限，避免车速过快升高能耗。随着气温有所回升，慢慢地，车辆功耗开始下降到每百公里 15 千瓦以下，并趋于平稳；但没有稳定在每百公里 14.5 千瓦以下，1000 公里的目标并不保险。

根据计划，全程需要耗时 15 小时。按 90 公里时速来算，1000 公里需要开 11 小时以上，这超出了交通法规的许可。所以，为了不违反交通法规，蔚来副总裁沈斐与李斌换着开。

沈斐刚开始上车的时候，没有使用自动辅助驾驶功能，为了保持低功耗，李斌多次明确要求沈斐使用自动辅助驾驶，甚至有些急了。

李斌总体上是比较沉稳而谦和的人，但在这次面向公众进行现场直播的续航里程测试过程中，跟沈斐交流使用自动辅助驾驶的事他第一次显出急躁，可见他对达成续航目标有多在乎。

在直播的弹幕中，总有人说 90 公里太慢了，要开快点，要顶着高速公路限速开，李斌都以安全等为由委婉地拒绝了。

当然，途中也有少部分时段跑到 100 公里左右，甚至将近 110 公里。

李斌既要不断地与黄晨霞女士对话，以回应各类问题；又要与公司副总裁沈斐对话，要适当维持直播热度。

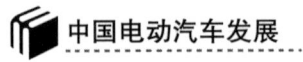

最后的结果：用时 14 时 1 分，完成了全部旅程，比计划提前了 1 个小时，行程 1044 公里，还剩下 3% 的电量（大约还可续航 30 公里）。

李斌的目标达成了。蔚来公司的许多同事、很多关心蔚来汽车的人欢呼雀跃，他们太高兴了。

李斌也应如此。

这是蔚来汽车的里程碑，也是中国汽车工业的里程碑。

这次测试的有关情况如下：

全程行驶 1044 公里，表显剩余里程为 36 公里，行程综合能耗为 13.2 度/百公里，行驶总时间为 12.4 小时，行程平均时速为 83.9 公里/小时（如图 3-3 所示）。

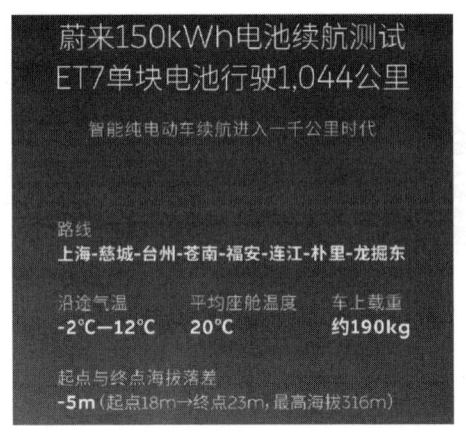

**图 3-3　2023 年 12 月 17 日蔚来公司董事长李斌实测 ET7
续航里程有关情况**

现在来比较一下使用了中国最新电池技术的蔚来 ET7 与比亚迪秦 plus 的情况。在车辆自重方面，前者自重 2.4 吨，后者自重 1.6 吨。续航里程方面，蔚来 ET7 为 1050 公里，2021 年的比亚迪秦 plus 为 546.9 公里。在能耗方面，蔚来 ET7 为 13.2 度/百公里，2021 年的比亚迪秦 plus 为 11.9 度/百公里。在工况方面，蔚来 ET7 此次正值寒冬，沿途气温从 -2 摄氏度到 12 摄氏度，座舱平均温度为 20 摄氏度，车辆载重约为 190 千克，且行程绝大部分为高速公路，对电动车的续航里程而言都是比较严苛的条件；2021 年的比亚迪秦 plus 则并非在较严苛的条件下达成目标。

换言之，在短短两年后，我国的电动汽车行业实现了在车重增加50%、工况条件更为严苛的条件下，比此前更高的续航里程，且能耗相差无几。作为较新一代技术代表的蔚来 ET7，之所以取得如此骄人的成绩，一是设计过硬，拥有当时全球第二低的风阻系数；二是电池技术水平领先。重点分析一下蔚来 ET7 此次测试所搭载的电池。这是新一代蔚来与其合作伙伴共同开发的半固态电池，具有全球领先性。该型号电池是目前国内乘用车量产最大容量的电池，容量达到 150 千瓦时，单电芯能量密度高达 360 瓦时/千克，采用全新的冷却技术使降温效果强于普通电池 6 倍，测试标准和条件严于国家标准、测试结果优于国家标准。该型号电池与蔚来此前使用的液态 100 度电池相比，体积一样，重量仅仅增加了 20 千克。

单电芯能量密度高达 360 瓦时/千克。这是一个什么概念呢？当时市面上使用的液态电池，大多数能量密度都在 200 瓦时/千克以下，与之相比，蔚来最新推出的能量密度高出 80% 以上。与大名鼎鼎的宁德时代 140 度麒麟电池相比，蔚来半固态电池表现如下：

- 电容量为 150 度，比麒麟电池高 10 度；
- 能量密度为 360 瓦时/千克，比麒麟电池（能量密度 255 瓦时/千克）高出 41%；
- 重量 575 千克，比麒麟电池（721 千克）轻 146 千克；
- 电池包能量密度 260 瓦时/千克，比麒麟电池（2C 版为 195 瓦时/千克，4C 版为 165 瓦时/千克）高 65~95 瓦时/千克；
- 电池包体积利用率 77%，比麒麟电池（72%）高 5%。

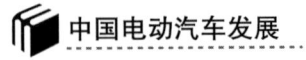

该型号电池含硅量 30% 的电芯负极为全球第一，无热失控软包（CTP）电池、无热蔓延设计全球第一。

仅就性能而言，蔚来与其合作伙伴共同研发推出的半固态电池是卓越的，无论是能量密度、体积还是重量都处于业界顶尖水平（电池是电动汽车最关键的零部件之一，能量密度的大小影响了体积和重量。由于受到整体空间的限制，电池体积越小越好；另外，考虑到续航里程需要，电池越轻越好）。

不过，作为一个产品，要想成功推向市场，仅靠性能优越是不够的，产品价格也很关键。如果推出的产品价格过高，消费者承担不起，那么也很难推向市场，这就失去了使用价值。

据传，蔚来的半固态电池是比较昂贵的，150 度的电池光制造成本就高达 20 万元以上，这样的价格如果推向市场，很少有消费者能够负担得起。当市场空间太小时，规模化效益就难以实现，依靠大规模产业化来摊薄成本也就无法展开，形成恶性循环。在这种情况下，再好的产品，也难以惠及消费者，也很难实现可持续发展。

好在蔚来有一套独特的换电体系可以解决这一问题。因为大多数情况下消费者没有长途需求，也没有必要买一块长续航电池。如果短期有需要，租用即可。如果租金不是很贵，每天 100~200 元，那么租赁就会有市场。一方面，花 200 元左右（包含电费）能够跑约 1000 公里，这已经比使用燃油汽车的费用便宜很多了。另一方面，长续航电池可以在缺乏换电设施以及充电设施不完善的地方自由畅行，省去了里程焦虑和找桩充电的麻烦。一举多得，是一笔比较划算的买卖，性价比是非常高的。蔚来通过多年的努力，现在已经建成了 2300 余座换电站，遍及全国，覆盖近 300 座城市，高速公路换电站超过 700 座，已经形成了一个网络。而租赁服务则可以在网络状态下做到随时随地取、随时随地还，十分便捷。

除了体系化能力使昂贵的半固态电池可以走向大众消费者，蔚来半固态电池的研发也很有行业意义。业界普遍认为，固态电池相比目前广泛使用的液态电池是更有优势的。蔚来研发半固态电池，为固态电池进行了有益的探索。同时，在固态电池一时难以实现的情况下，蔚来可以在成功研发出 150 度的基础上做文章，努力以更小的体积、更轻的重量以及更加低廉的成本研发 100 度左右电池；同时，还在充电功率、热管理等方面继续深入研究。如果通过一段时间的探索和努力，能够以相差不多的价格提供 100 度左右电池，却比液态电池更小、更轻、更安全，那么，不仅对于提升蔚来的竞争力有很大帮助，也会使行业受益，最终使全社会受益。

当然，这次测试因为速度基本上限制在 90 公里以下，引起了不少人的吐槽：为什么不跑快一点？为什么不按照高速公路允许的最快速度跑？

蔚来的初衷是在接近一般使用场景的情况下看能不能跑到 1000 公里，能跑到 1000 公里是最好的；其主要目的是 1000 公里。但当天的工况条件是比较苛刻的。一是全程绝大部分为高速，这种情况主要是商务需要，而商务出行 500 公里以上大多选择高铁或者飞机。一般只有自驾游或者回家探亲等才开这么远；而自驾游，肯定有不少比例的非高速。蔚来选择几乎全程高速的工况本身是比一般使用场景更苛刻一些。二是遇到了极寒天气，无论是时节（12 月中旬），还是气温（从零下 2 摄氏度到零上几摄氏度），算是一年很冷的时段了。

除了蔚来的主要目的，还有两个方面要强调：一方面，在车上直播，速度不能太快，车速太快注意力就要高度集中，无论是自己开还是使用自动辅助驾驶功能，这样就不利于交流。另一方面，长途出行，300 公里以上尤其是 500 公里以上，一直按照最高允许速度跑没几个人受得了；大家可以从结果上看，1000 公里大约花了 13 小时，这个速度已经不慢了；从个人经历来看，289 公里用时将近 4 个小时，路程 90% 为高速，平均时速不足 80 公里。另外，实际上不少人在高速上

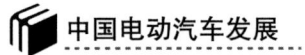

开车平均时速也就 90 公里左右, 即便长途时总是顶着限速开, 但结果平均时速往往也就 100 公里左右。尤其重要的是, 在因为环境保护而选择发展新能源电动车的背景下, 纯电发展速度越快, 人类整体上就能够更早更多受益。续航在高速路上、低温条件下以并不算太低的 90 公里时速达成超过 1000 公里的续航, 是为环境保护事业做出了里程碑意义的事, 对电动汽车行业的发展也有巨大促进作用, 值得行业大书特书、热烈庆祝。

关于此次测试的争议将一直存在, 称赞的有, 质疑的也有。就在测试完成后, 有人很快找出了增程式电动汽车在广西测试的情况。

该次测试行驶里程为 860.3 公里, 其中高速公路里程占总里程的 80%~90%, 行驶时长为 10.75 小时, 平均时速为 80.03 公里; 驱动电耗为 22.4 千瓦时/百公里, 综合油耗 7.8 升/百公里。需要强调的是, 驱动电耗只含驱动车辆所需要的电量, 不包括空调、车载电器等消耗电量; 而综合电耗包括驱动车辆、空调、车载电器等所有能耗。驱动电耗低于综合电耗。

增程式电动汽车因为携带了能量密度高的油箱, 以续航长而著称。

现在, 我们将网上这次不知名的测试与蔚来汽车董事长李斌的测试做一次简单的对比:

从车辆本身来看, 增程式汽车车型未知, 但推测是 SUV 车型, 蔚来 ET7 为轿车。SUV 在风阻系数和横截面积方面不占优势, 从这一点上看, 蔚来 ET7 占了便宜。

从气温来看, 蔚来 ET7 的测试是在冬季而且遭遇寒潮的情况下开展的, 而 SUV 在广西测试, 气温不会太低, 从这一点来看, 蔚来 ET7 不占优势。

从行驶路段来看, 二者相差不大, 但蔚来 ET7 的高速占比估计稍高一些。

从能源消耗来看, 蔚来为每百公里 13.2 千瓦时, 而 SUV 为每百公里 22.4 千瓦时以上，蔚来的表现非常优秀。

从行驶里程来看，蔚来 ET7 行驶了 1044 公里，还剩下 3% 的电量；SUV 则行驶了 860 公里。蔚来 ET7 的续航里程比 SUV 多行驶了至少 184 公里。

从平均时速来看，蔚来 ET7 为 83.9 公里，SUV 为 80.03 公里。蔚来 ET7 的平均时速比 SUV 高 3.87 公里。

总体来看，作为一辆纯电动汽车，搭载 150 千瓦时半固态电池的蔚来 ET7 的表现是比较优秀的。

但是，围绕蔚来汽车一块电池跑 1044 公里的争论不会停止。汽车无论采用什么动力，续航都不是固定的，而是与使用条件和使用方式密切相关的。环境温度、地形条件、行驶速度、驾驶风格以及车载电器和电子设备等都会影响续航里程，电车如此，油车亦如此。

对于电车而言，环境温度、速度、坡度对能耗的表现影响较大。温度越低、速度越快、上坡坡度越大，电耗越高。温度与坡度是客观存在的，而速度可以人为控制。在某些特殊条件下，当担心电量不足并且害怕找不到地方补能时，只要把速度慢下来就可以解决很多问题，可谓"一慢解千愁"。况且开车降低速度，一般情况下更加安全。

电动汽车上坡时电耗的确比较高。那么，如果需要一直开上坡怎么办呢？实际上这种情况是不存在的。人的活动特点往往是围绕家庭和工作展开的，不可能一直在上坡路上跑，地球上也没有那么多、那么高的坡供人类一直往上跑。大家都知道，珠穆朗玛峰是世界上最高峰，高约 8848 米，很高了，但绝对距离并不高。如果把这个距离横过来，仅不到 10 公里，比很多人每天上下班的距离都还要短。但就是这个高度，已经极其不适宜人类生存了，只有极少数登山家在装备完整且训练有素的情况下才能登顶珠穆朗玛峰。

就日常生活而言，如果遇到坡，大多时候我们是在上上下下的情景中度过的。如果用电动汽车作为代步工具，上坡的时候确实费电，但是下坡的时候就是另一番情景了：耗电量很低，甚至当下坡坡度较大而速度保持在正常、安全范围内时，电动汽车因为有动能回收功能，可以在向下行驶过程中向电池反向充电，不光不消耗电量，还额外收获了电量。这简直太有趣了，不花一分钱就能获得电量，这在过去是难以想象的。就全过程而言，上坡过程中导致的较高电量消耗在下坡过程中实现了较低的电量消耗甚至得到了一定补充，总体上是比较平衡的。同样地，如果一个人在上班路上一路下坡很少消耗电量，那么，他下班回家就会上坡从而消耗较多电量，全过程基本上是平衡的。如果想降低能耗节省能源，则可在上坡路段适当放慢速度。

蔚来汽车引起广泛关注的续航测试，现在看来还没有结束。为了回应社会的关切，估计蔚来将会择时进行多种工况条件下的测试，包括据说已经完成的昆明到南宁的冬季测试（气温不是很低，由高海拔地区到低海拔地区下坡居多，行驶了 1145 公里）、极寒天气测试、按照高速公路规定的最高时速测试、山地测试等。蔚来期望通过多种条件下的测试，加深人们对电动汽车的了解。

对于蔚来而言，单块电池的续航实际上没有那么重要，因为它布局了数量越来越多的换电站（超过 2300 座），可为蔚来车主提供快速补能服务。就在李斌进行最新电池测试后的第三天，2023 年 12 月 20 日，一名蔚来汽车用户驾驶蔚来 ES8（SUV 车型，比李斌测试所用的 ET7 更重，风阻系数高很多，横截面积更大），用时 7 小时 29 分钟，行驶了 763.1 公里，平均时速达到了 101.98 公里（如图 3-4 所示）。

这名蔚来车主之所以这么快，就在于蔚来提供了换电站这一快捷补能体系。实际上，他从上海到西安用了两次换电。用他自己的话说，"（换电）可以 1 次，但是我 2 次，一个是因为我出发不满电，还因为我是 ES8，外加开得快①"。

---

① 微博网页：https://weibo.com/5828016458/Ny17aubGy#comment.

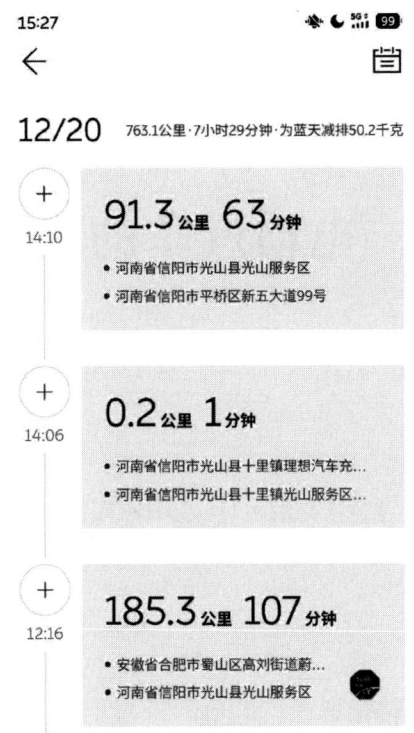

图 3-4　某蔚来车主驾驶 ES8 车型行驶数据

第四章　电动汽车的主要类别

第一节　影响电动汽车发展的几个关键问题

一、价格

在电动汽车的价格构成中，电池的价格十分关键。电池是电动汽车必不可少的零部件，其为电动机提供电力驱动车辆。从电池价格的影响来看，目前以及可预见的将来，电池的成本都比较昂贵，往往占到整车成本的40%以上，对于一些价格较低廉的车型，甚至占到50%以上，比燃油汽车相对应的部分价格占比要高出不少。也正因为如此，在车型和其他配置相同的情况下，电动汽车的成本高于燃油汽车，成为影响电动汽车消费和推广的制约因素。另外，不同技术的电动汽车电池成本及价格差异较大，这必然影响到发展电动汽车的技术路线选择。

尽管从全生命周期而言，使用电动汽车的成本要低于燃油汽车，但是，许多消费者却一时不理解和不接受这一点，他们更乐意花较少的钱买一辆较便宜的车。至于今后的使用和维护保养成本，是逐步产生的，而且每次都比较少，不用一次性多支付数千元甚至数万元。另外，从整车情况来看，车作为大件消费品，本身价值较高，少则几万元，多则数十万元甚至百万元以上，很多人很难一次性支付这么高昂的费用。2022年，由于制造电池的上游材料大涨价，导致电动汽车整车制造成本上升，极大地影响了电动汽车的销量，其结果导致使用较小电池的增程式混合动力汽车取得了更好的市场表现。

如何使电动汽车的制造成本与燃油汽车一样，甚至变得更低，是电动汽车行业需要高度重视并下力气解决的问题。如果解决了这个问题，那么，电动汽车的推广与普及将变得容易很多，电动汽车替代燃油汽车的速度将会大大加快。供需关系是价格的核心因素：当供不应求时，价格上升；当供大于求时，价格下跌。行业的充分发展会导致产量扩大，进而产能提升，供应充足，成为降低电池成本的重要前提。2023年，由于大量的投资涌入新能源动力电池生产制造行业，使产能急剧提升，供应迅速变得充足且很快过剩，价格也随之快速下降。

降低电池生产成本，关键的思路还有两个：一个是使用较易获得且开采加工成本较低的材料，例如，磷酸铁锂电池就要比三元锂电池便宜很多；另一个是在技术性能有保障的情况下大量使用电池循环材料。此外，业界正在三元锂电池和磷酸铁锂电池之外，积极寻求其他使用更便宜材料的电池，如钠电池等，以期降低电池成本，提高电动汽车竞争力。

二、续航

消费者购买电动汽车，除了关心价格之外，最关心的就是续航。在补能设施还不是很完善的情况下，较高的续航意味着可以行驶更长的里程。尽管实际生活中，大部分人每天开车行驶的里程并不是很长，但很多人还是担心长途旅行或者出差时充不了电怎么办。通过不断的努力，近年来电动汽车的续航能力有了迅速提高，从2018年的350公里左右提高到2022年的500公里左右。当然，续航能力的提升，意味着电池使用了更昂贵的材料或者体积变得更大，无论何种情况，都导

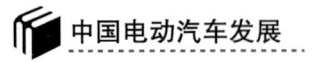

致了成本上升。2023年，许多汽车制造厂推出的新车型高配版本，其续航能力大多达到了600公里以上，部分甚至超过了800公里。

但是，上述所说的续航里程，指的是特定标准和条件下测得的综合工况续航里程，并非实际使用时的续航里程。在日常使用中，受到温度、地形条件、载重、车载电器使用情况以及驾驶风格的影响，电动汽车的实际续航往往达不到表显续航水准，一般"打八折"左右，低温条件下"折扣"更大；加之还要预留一定电量以备充电和其他特殊情况需要，电动汽车的实际续航里程还要进一步缩减。

对补能便利性的担忧以及电动汽车的真实续航"打折"，对消费者的用车体验有不小的影响。特别是第一次购买电动汽车的消费者，尤其在乎续航。为了打消消费者的顾虑，电动汽车生产厂家千方百计通过降低车辆重量、降低风阻系数、提升电池容量密度等方式，尽可能地提升车辆续航能力。

三、补能

充电也是消费者普遍关心的问题。尽管现在各第三方公司，如国家电网、南方电网、特来电等都在全国各地大力建设充电设施，许多车企为了更快地完善补能设施以提升其产品销量从而推动电动汽车加快普及（特斯拉、蔚来汽车、小鹏汽车、极氪汽车、理想汽车等都在高速公路服务区和城区建设了数量不等的充电桩甚至换电站等补能设施），但还是未能打消很多消费者的顾虑。

由于目前充电桩数量还不够多且布局网络还不够完善，充电还存在一些问题，特别是节假日高峰时期，充电速度较慢导致排队较长，影响了消费体验，更加引起了人们对使用电动汽车的担忧。尽管节假日等特殊时期，加油站排队加油的情况也普遍存在，但人们对过去经常发生的这些现象并不是很在意，反而更容易注意到新事物出现的新情况、新问题。另外，目前和可见的将来，由于充电所需要的时间远长于加油所需要的时间，当车辆出现排队补能情况时，电动汽车排队时需要更长的时间，体验确实更差一些。

第二节　插电式混合动力汽车

插电式油电混合电动汽车既有燃油汽车的发动机、油箱、油路、变速器和传动系统等部件，也有纯电动汽车的电池、电动机和控制电路等部件。插电式混合电动汽车在行驶过程中，要么燃烧汽油通过传动系统驱动车轮，要么在电池供电的情况下通过电动机工作驱动车轮，行驶过程中根据情况在两种驱动模式之间进行切换。当使用燃油驱动时，相当于燃油汽车；当使用电力驱动时，相当于纯电动汽车；没有油耗也没有排放，与燃油驱动状态相比，既经济又环保。

传统的混合动力汽车由于动力电池容量较小（一般低于 1.5 千瓦时），仅依靠制动时回收动能为动力电池充电或利用车辆在低速行驶时发动机的多余功率通过发电机为动力电池充电，导致纯电模式行驶里程有限，车辆驱动主要以发动机为主。

从理论上讲，插电式混合动力汽车具有优势，是目前比较理想的动力模式。首先，与燃油汽车相比，插电式混合动力汽车带有电池和电动机，可在纯电模式下行驶一定的距离，当路程不是很遥远时，仅靠电池即可实现通行，实现了零排放且降低了车辆使用成本。其次，与纯电动汽车相比，在充电条件不方便的情况下，凭借自身完备的燃油驱动系统，可以通过加油实现长距离跋涉。由于以上特点，插电式混合动力汽车得到了市场较为普遍的认可，也是很多汽车制造商选定的电动汽车技术路线。业界普遍认为，插电式混合动力汽车是迈向完全纯电动汽车历程中的必经之路。

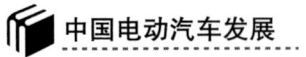

第三节　增程式混合动力汽车

增程式油电混合电动汽车，既有电动机和电池等纯电动汽车的配置，也有燃油汽车所具有的发动机和油箱，还有上述二者不具备的发电机。与插电式混合动力汽车不同的是，增程式混合动力汽车的油箱所携带的汽油，仅为供发电机发电使用（发电机所发电供给电池或驱动车辆），不参与驱动车辆。油箱的体积决定载油量，载油量多少决定发电多少，也决定着车辆的续航里程。油箱越大，续航里程越高。但是，油箱过大后，会挤占空间。在车辆体积相对固定的情况下，油箱越大，留给电池的空间就越小，靠纯电驱动的里程就越短。油箱与电池之间的矛盾关系，决定了制造增程式电动汽车时必须在二者之间进行权衡。

也有将增程式混合动力汽车称为串联式插电式混合动力汽车的说法。一般认为，增程式混合动力汽车发动机不直接驱动汽车，需要先由发动机驱动发电机来发电，再供电动机来驱动汽车，能量传递链较长，总体效率不高。但是，增程式混合动力汽车与其他类型插电式混合动力汽车相比，由于全过程都是电驱动模式，类似于纯电动汽车，操控性更好。近年来，随着人们对增程式混合动力汽车的了解加深，其市场表现出现了阶段性高增长的情况。

从理论上讲，增程式混合动力汽车不仅可以使用汽油作为增程动力源，也可以使用氢燃料、甲醇等作为动力源。特别是使用氢燃料作为动力源时，由于氢燃烧后唯一的生成物为水，没有碳排放，可以实现彻底的清洁化，相当于使用纯电动汽车。但是，问题在于，氢的制造以及在现有技术条件下储运成本比较高，难度也比较大，不具备竞争优势。所以，目前虽然有内燃机增程式混合动力汽车、燃料电池增程式混合动力汽车以及其他类型的增程式混合动力汽车，但主要还是使用汽油的增程式混合动力汽车。"内燃机增程式电动汽车在 2021 年约占整个增程式电动汽车市场的 74%，市场占比最大。中国、德国、美国、日本的汽车制造商目前都在提供内燃机增程式电动汽车。"① 随着技术的进步，特别是取得突破性进展时，当氢燃料的制备成本具有竞争优势，以及氢燃料的储存和运输可以安全而经济的大规模开展时，氢燃料的增程式混合动力汽车的市场空间将进一步扩大。

增程式混合动力汽车的用户以家庭为主。"2021 年，在增程式电动汽车领域，乘用车占全球市场需求的 85%，预计乘用车将成为市场中增长最快的部分。"②

对增程式混合动力汽车的展望则存在争议。有人认为，对于像俄罗斯、南美洲等这类国家和地区，地形及气候条件复杂，自然资源储量丰富，而汽车工业相对落后，电动汽车发展缓慢，比较适合使用增程式混合动力汽车。问题是，安装充电桩似乎比建设加油站要方便、便宜以及使用时成本往往更低。在那些人口特别稀少的地方，如果没有加油站，或者加油站离得很远，需要补建加油站时，其成本将数倍于建设充电站乃至换电站。而充电站和换电站占地面积相对小很多，且电力的获取比较容易，即使没有电力线路经过，也可以采用分布式小型能源站（如小型光伏发电站）予以解决。很多家庭则可以采用家用电线为电动汽车充电。当然，采取充电方式补能面临着时间较长的问题，影响了消费者的使用体验。

第四节　纯电动汽车

目前，在各类电动汽车中，纯电动汽车的结构最简单，在电力驱动及控制系统部分主要包括驱动电动机、电池（电源）和电动机的调速控制装置部分，俗称"三电"系统，往往被简称为电机、电池与电

---

①② 叶盛基. 中国增程式电动汽车产业发展报告 [M]. 北京：机械工业出版社，2022：15-16.

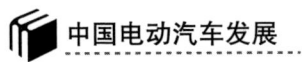

控。纯电动汽车没有油箱和发电机，更没有发动机。这种简单的结构使纯电动汽车的零部件数量远低于燃油汽车和混合动力汽车，供应链也更加可控。

电池为纯电动汽车的驱动电动机提供电能，是纯电动汽车的核心部件，材料上有铅酸蓄电池、磷酸铁锂电池、三元锂电池、钠硫电池、镍镉电池、燃料电池等，目前市场上主要使用的是磷酸铁锂电池和三元锂电池。电池技术的发展水平，特别是成本高低，对纯电动汽车的发展前景具有决定性意义。

驱动电动机的作用是通过传动装置或直接驱动车轮的工作装置，将电源提供的电能转化为机械能，主要包括直流无刷电动机（BLD-CM）、开关磁阻电动机（SRM）和交流异步电动机等。电动机调速控制装置是为实现电动汽车的速度变化和方向变换等设置的，其作用是通过控制电动机的电压或电流完成电动机的驱动转矩和方向旋转。

第五节　换电式纯电动汽车

换电式纯电动汽车是电动汽车的重要技术路线之一，其通过模块化设计，使电动汽车动力电池可以随时在换电站进行更换，在几分钟内将电量即将用完的电池从车上取下、并换上存放于换电站中已经充满电的电池。

从整车及电力驱动及控制系统来看，换电式纯电动汽车实际上与纯电动汽车没有区别。主要的差异在于，一般纯电动汽车的电池不可灵活拆卸，而换电式纯电动汽车的电池可以随时拆卸。两种车辆在放置电池部分的结构存在一定差异：换电式纯电动汽车，因为要满足换电需求，需要使用一些特殊的结构和连接件，在车辆设计上受到一定限制；其他纯电动汽车因为不用考虑换电需求，受到的限制略微少一些。但二者之间的差别不大。从技术上讲，换电式纯电动汽车的生产技术已经非常成熟。

另外，换电式纯电动汽车在车辆之外，需要独立建造与换电功能相匹配的换电机构。从技术上看，需要一系列新的工程设计和生产制造。从投资上看，需要大量资金投入以实现换电设施网络化。

第五章　汽车使用成本分析

汽车的使用成本，可分为直接成本和间接成本。直接成本主要包括能源、保养、维修等方面的费用，间接成本主要包括环境成本和时间成本等。汽车使用成本的高低，不仅对消费者的选择和使用体验起着重要作用，也对社会发展有不小影响。一般而言，使用成本越低，越有利于消费者选择和使用，也越有利于社会发展。

第一节　能源成本

目前，使用车辆所产生的能源成本，主要包括两类，用油成本和用电成本。至于氢能源汽车、太阳能汽车等采取其他能源作为动力来源的汽车，目前市场占比还太小，不做专门分析。汽车使用汽油需要到加油站添加，成本相对固定。使用电力则有两种场景：一种是在家庭或者公司所安装的充电桩上获取电力；另一种是到商用充电桩或者换电站获取电力。二者差异较大。

一、汽油成本

汽油标号不同，价格不一样。我国加油站流通的汽油主要包括90号、93号和95号三种标号，标号越高，价格越高，相应地能源使用成本也越高。

　　不同标号的汽油，价格差距不大。例如，2023 年 11 月 27 日，贵阳市汽油每升价格为：90 号汽油为 7.59 元，92 号汽油为 8.05 元，93 号汽油为 8.05 元，95 号汽油为 8.51 元，97 号汽油为 8.51 元；每升汽油最低价格与最高价格相差 0.92 元，相差幅度 11% 左右。又如，2023 年 11 月 27 日，北京市汽油每升价格为：90 号汽油为 7.41 元，92 号汽油为 7.92 元，93 号汽油为 7.92 元，95 号汽油为 8.43 元，97 号汽油为 8.43 元；最低价格与最高价格相差 1.02 元，相差幅度 12% 左右。

　　在我国，石油作为一种重要的战略资源，其价格在全国范围内基本上是统一的，同标号的汽油在不同省份的价格相差不大。例如，2023 年 11 月 27 日，上海市汽油每升价格为 93 号汽油为 7.88 元，95 号汽油为 8.39 元；贵阳市 93 号汽油为 8.05 元，95 号汽油为 8.51 元；广州市 93 号汽油为 7.94 元，95 号汽油为 8.6 元；长沙市 93 号汽油为 7.87 元，95 号汽油为 8.36 元；东、中、西部几个城市之间只有 2% 左右的差距。当然，部分加油站，特别是民营加油站会采取一些优惠措施以促进汽油销售抢占市场，但其对汽油价格的影响总体上比较有限。

　　为便于比较，本书在标号方面采用 93 号汽油进行分析，这是一个居中的标号，价格处于中间段，也是很多经济实用型汽车经常使用的标号；在地域方面采用武汉市的价格，其具有地域代表性，2023 年 11 月 27 日，武汉市 93 号汽油的价格为每升 7.93 元。

　　汽车汽油消耗费用，除了受汽油标号的影响外，还受到具体车型的影响：排量越大的车，油耗越高，费用也越高。综合考虑各种因素，选取本书本田凌派作为代表车型进行分析。该车为三缸车，在近年的国内汽车市场上卖得较好，其 1.0T 动力版本百公里油耗官方标称为 6.5L。

　　本书以本田凌派为例，按照 2023 年 11 月 27 日武汉市 93 号汽油

价格进行分析，燃油汽车每公里的能耗成本为 $7.93 \times 6.5 / 100 = 0.515$（元），即每行驶 1 公里约需 0.52 元。

车辆油耗的高低，还受到驾驶习惯和使用场景的影响。对于油车而言，城区油耗较高，高速油耗较低；驾驶风格猛烈的油耗较高，驾驶风格柔和的油耗较低，但对此很难做客观、精准的分析。

汽油作为一种化石能源，其价格总体上呈现上升趋势。由于化石能源的不可再生性和开采、运输过程中对环境带来的破坏，预期汽油价格将继续保持上升趋势。

二、电力成本

与使用汽油相比，使用电力在成本上的差异要复杂得多。这是由电价市场化改革以及发电成本、输配电成本、用户市场以及用电峰谷差异等多方面因素共同决定的。

以 2023 年 11 月电网公司代理购电价格为例，最低的是新疆维吾尔自治区和云南省，代理购电价格为 0.26 元/度，最高的是浙江省，代理购电价格为 0.74 元/度，后者几乎是前者的三倍，比后者高出185%，比平均购电价格高 0.32 元/度，高出 123%。我国各省份代理购电价格如表 5-1 所示。

表 5-1　我国各省份代理购电价格

省（区、市）	代理购电电价（元/度）
新疆	0.26
云南	0.26
内蒙古	0.28
宁夏	0.30
青海	0.30
甘肃	0.32
四川	0.38

省（区、市）	代理购电电价（元/度）
北京	0.39
山西	0.40
山东	0.40
辽宁	0.42
贵州	0.42
黑龙江	0.42
河北（冀北）	0.43
重庆	0.43
上海	0.43
天津	0.43
广西	0.44
陕西	0.45
吉林	0.45
江苏	0.46
福建	0.46
安徽	0.46
湖北	0.48
江西	0.50
湖南	0.50
海南	0.52
广东（韶关）	0.53
浙江	0.74

资料来源：北极星售电网。

从居民用电价格来看，各地的差异也比较大。以 2023 年 12 月份南方电网官网给出的居民用电电价为例，不同城市之间的收费方式和收费标准存在不小差异。

在广东省广州市，居民用电电价分为阶梯电价和峰谷电价两类。阶梯电价中，第一档为 0.59 元/度，第二档为 0.64 元/度，第三档为 0.89 元/度；第三档用电电价比第一档高出 51%。峰谷电价中，峰段

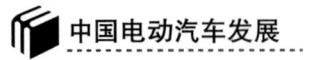

电价为 0.99 元/度，平段电价为 0.59 元/度，谷段电价为 0.23 元/度；峰段电价比平段电价高 68%，平段电价比谷段电价高 157%，峰段电价比谷段电价高 330%，可见峰谷电价差异巨大。

在广西壮族自治区南宁市，居民生活用电电价分为"一户一表阶梯电价""合表户"两类。在"一户一表阶梯电价"类中，又分为"不满 1 千伏""1 千伏及以上"两种情况。在"不满 1 千伏"的情况下，第一档电价为 0.53 元/度，第二档电价为 0.58 元/度，第三档电价为 0.83 元/度；第三档用电电价比第一档用电电价高 57%。在"1 千伏及以上"的情况下，第一档电价为 0.52 元/度，第二档电价为 0.57 元/度，第三档电价为 0.82 元/度；第三档电价比第一档电价高 58%。在"合表户"一类，也分为"不满 1 千伏""1 千伏及以上"两种情况，但不再分档，其中，"不满 1 千伏"的电价为 0.55 元/度，"1 千伏及以上"电价为 0.54 元/度。

在海南省海口市，居民生活用电分为"阶梯电价居民用户""合表电价居民用户及执行居民合表电价的非居民用户"两类。"阶梯电价居民用户"又分为"不满 1 千伏""1 千伏及以上"两种情况。在"不满 1 千伏"的情况下，进一步分为夏季（4—10 月）和冬季（10月至次年 3 月）两个时段。在夏季时段，第一档 0~220 度电价为 0.61 元/度，第二档 221~360 度电价为 0.66 元/度，第三档 361 度及以上电价为 0.91 元/度；第三档电价比第一档电价高 49%。在冬季时段，第一档 0~160 度电价为 0.61 元/度，第二档 161~290 度电价为 0.66 元/度，第三档 290 度及以上电价为 0.91 元/度；第三档电价比第一档电价高 49%。"1 千伏及以上"的情况没有分档，统一为 0.59 元/度。"合表电价居民用户及执行居民合表电价的非居民用户"也分为"不满 1 千伏""1 千伏及以上"两种情况，但没有分夏季和秋季两个时段，也没有分档，电价分别为 0.63 元/度和 0.61 元/度。

贵州省贵阳市居民生活用电分为"一户一表用户""合表用户、

执行居民电价的非居民用户"两类。在"一户一表用户"类中，又分为第一档用电、第二档用电和第三档用电三种情况，每种情况又分为"不满 1 千伏""10 千伏""20 千伏""35 千伏"四种计价标准。具体而言，第一档用电所对应的电价分别为 0.46 元/度、0.45 元/度、0.45 元/度、0.45 元/度；第二档用电所对应的电价分别为 0.51 元/度、0.50 元/度、0.50 元/度、0.50 元/度；第三档用电所对应的电价分别为 0.76 元/度、0.75 元/度、0.75 元/度、0.75 元/度。同一档用电电价之间差距较小，不同档用电之间电价差距比较大，最高电价比最低电价高 65%。"合表用户、执行居民电价的非居民用户"类别没有分档，但也分为"不满 1 千伏""10 千伏""20 千伏""35 千伏"四种计价标准，所对应的价格分别为 0.48 元/度、0.47 元/度、0.47 元/度、0.47 元/度。

在云南省昆明市，居民生活用电分为"一户一表""合表用户"两类。"一户一表"又分为"电能替代""阶梯电价"两种情况。在"电能替代"（每年 0～1560 千瓦时）的情况下，分为"不满 1 千伏""1～10 千伏""35～110 千伏以下"三种计价标准，分别对应的价格皆为 0.33 元/度。在"阶梯电价"情况下，又分为"每年 1561～3600 千瓦时""每年 3601～4680 千瓦时""每年 4681 千瓦时以上"三种用电段："每年 1561～3600 千瓦时"段对应"不满 1 千伏""1～10 千伏""35～110 千伏以下"三种计件标准的电价分别为 0.42 元/度、0.41 元/度、0.41 元/度；"每年 3601～4680 千瓦时"用电段对应"不满 1 千伏""1—10 千伏""35—110 千伏以下"三种计件标准的电价分别为 0.47 元/度、0.46 元/度、0.46 元/度；"每年 4681 千瓦时以上"用电段对应"不满 1 千伏""1～10 千伏""35～110 千伏以下"三种计件标准的电价分别为 0.77 元/度、0.76 元/度、0.76 元/度。不同用电段之间电价差异较大，最高电价比最低电价高 83%。

不同省份之间的电价差异也比较明显。例如，海南省海口市军民用

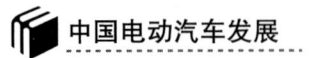

电最低价格为 0.61 元/度，比云南省昆明市居民生活用电最低价格
（0.41 元/度）高 49%，比贵州省贵阳市居民生活用电最低价格
（0.45 元/度）高 36%。不同省份之间的电价差异，也影响电动汽车用电
成本。

由于汽油的价格采用了湖北省武汉市的价格，为便于比较，电力
价格也采用湖北省武汉市的。2023 年，武汉市城乡居民用电分为"一
户一表阶梯电价""合表用户"两类。"一户一表阶梯电价"第一档为
年用电量 1～180 千瓦时，每千瓦时 0.56 元；第二档为年用电量 181～
400 千瓦时，每千瓦时 0.61 元；第三档为年用电量 401 千瓦时及以上，
每千瓦时 0.86 元。"合表用户"则按变压器容量收费，1 千伏及以下
的电价为每千瓦时 0.58 元，1～110 千伏的电价为每千瓦时 0.57 元。
采用处于中间价位的二档电价每千瓦时 0.61 元作为核算电动汽车在家
补能的成本，电动汽车每行驶 1 公里的能耗成本约 0.12 元。事实上，
各地为鼓励购买电动汽车，往往采取用电优惠政策，电动汽车用电往
往采用独立电表，实行比居民用电更加优惠的政策。

商用充电桩和家用充电桩，价格又有很大不同。商用充电桩要求
充电速度比较快，场地比较宽敞，需要安装大功率充电桩甚至配套安
装变压器、铺设线缆、租赁场地、增设管理人员等，成本远高于家用
充电桩。由于商用充电桩本身是一种商业行为，且成本较高，所以其
提供的电力价格也比家用充电桩高出很多。以贵州省安顺市西秀区某
充电站为例，该充电站从电网公司采购电价为：谷段（23：00—
24：00；00：00—7：00）每千瓦时 0.27 元；平段（7：00—9：00；
12：00—16：00）每千瓦时 0.63 元；峰段（9：00—12：00；
16：00—21：00）每千瓦时 0.99 元。该充电站因为前期投资需要数以
百万元，其在向终端客户出售电力时，谷段和峰段价格分别为每千瓦
时 0.65 元、每千瓦时 1.09 元。谷段电价时段，其收益为每千瓦时
0.38 元（0.65-0.27），为其买进电价的 141%；峰段电价时段，其收

益为 0.10 元（1.09-0.99），为其买进电价 10%。在东部一些电费较贵的地方，商用充电站终端电价甚至高达每千瓦时 2.00 元，折算成电动车每公里使用成本约 0.40 元。但由于有峰谷电价差异，消费者可以通过在平段和谷段多充电的方式降低电力使用成本。

第二节　环境成本

电动汽车的推出，首要目的就是解决环境问题。

但在有的人看来，电动汽车根本不环保。他们的理由是：电动汽车所用的电，是发电厂产生的，而发电厂发电要消耗大量的煤并产生大量的排放。

在深入分析电动汽车的环保成本时，的确不能回避电从哪里来的问题。这一点可从两个方面进行深入分析。

第一，燃煤电厂确实靠燃烧煤炭进行发电，过程中产生了排放，但这种排放是可以加以处理的。燃煤发电厂通过采取新的设备和技术，通过回收处理等方式，可以不断降低二氧化碳排放量。特别需要强调的是，火电厂对排放的二氧化碳进行集中处理，能够以相对较少的投入对排放的尾气进行有效处理。而无数燃油汽车通过燃烧汽油驱动车辆排放二氧化碳是分散的，处理难度要高很多。集中处理与分散处理的关系，越集中处理成本越低，越分散处理成本越高。所以，即使电动汽车所使用的电力全部来自燃煤电厂，其对环境保护仍然具有积极意义和重要价值。

第二，为实现能源的清洁化转型，燃煤电厂的装机占比在快速下滑，风力发电、光伏发电等绿色电装机比例快速上升，电动汽车所使用的电力并不全部来自燃煤发电厂。风力发电、光伏发电等新型能源，其原理是将太阳能、风能等转化为可供人类使用的电能，过程中不排放二氧化碳，是绿色清洁能源。数据统计表明，2023 年 1~6 月，我国

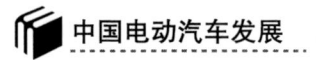

风电、光伏新增装机在 1 亿千瓦以上，累计装机约 8.6 亿千瓦，发电量达到 7300 亿千瓦时，风电光伏产业已经成为我国最具竞争力的产业之一；风电光伏新增装机占全国新增装机的比重达到 71%，新增发电量占全国新增发电量 54% 以上，实现了新增装机和新增发电量双过半。与此相对，煤电发电量占全口径总发电量比重为 58.5%，已不足 60%①。随着"双碳"战略的深入实施和绿色能源成本的持续下降，煤电发电量占全口径发电量比重将在今后几年内下降到 50% 以下，并不断降低。另外，风力发电、太阳能发电等这类与气候高度相关的电源，并不十分稳定，直接用于高能耗工业生产具有一定风险。相反，此类绿色电力通过充换电过程，特别是通过换电站供给换电型纯电动汽车或者为其他充电桩提供电力，并不受其不稳定性影响。近年来加快发展的补能储能一体化换电站，对消纳绿色能源以及将不稳定能源变为稳定能源方面，具有十分重要的价值。换电站的功能首先是储能，即将电池充满电，然后才供换电使用。而且，因为换电站分散且规模较小，其储能过程对电源稳定性要求并不苛刻，电流大一点或小一点关系不大，即使一时断电也没关系。由于换电站还可以从更换电池环节获得经济收益，且可将谷段电储存起来供峰段使用从而从峰谷电价差异中获利，不稳定电源对部分电池可能造成的质量影响具有补偿来源，因此是可持续的。换电式纯电动汽车的使用，不仅为绿色能源提供了使用场景，也推动了绿色能源的快速发展。

对不同类型的电动汽车所产生的环境成本进行定性分析是比较容易的。毫无疑问，纯电动汽车比混合动力汽车更加环保。混合动力汽车使用汽油越多，其对环境的伤害就越大，相比于纯电动汽车的环境成本就越高。从另一个角度来讲，人们为了避免充电的麻烦而选择加

---

① 苗诗雨. 新能源装机容量占比超 50%，煤电发电占比近 60%，电气化转型面临"调整期"［EB/OL］.（2023 - 07 - 29）［2024 - 01 - 20］. http：//www. chinatimes. net. cn/article/129257. html.

油的做法越多,对环境的伤害与压力就越大。这种伤害和压力到底大多少呢?如果程度很低,是否可以置之不理?如果程度较高,又如何才能推动更加具有环保价值的车型更快普及?换言之,如何对环境成本进行定量分析从而更精确地比较不同类型的电动汽车的环保价值是十分有意义而且有必要的。

分析环境成本时,可先易后难,先测算纯电动汽车的减排量。分析纯电动汽车的减排情况,实际上是分析燃油车的排放情况。由于纯电动汽车在行驶过程中不产生排放,燃油车的排放情况就相当于纯电动车的减排效果。减排情况是比较复杂的。不同排量的车,其百公里油耗不同,排放就不同,甚至差异较大。不同的技术标准,也会产生差异。近年来,国家对汽车的排放要求不断提高,其目的就是要减少排放。不同的驾驶风格,因油耗不同导致的排放也不一样。此处以蔚来汽车的使用作为例子进行剖析。蔚来汽车在其 App 上,给出了每次行驶结束后的减排效果,此处选取蔚来 2019 款 ES6(车自重 2.34 吨,零百公里加速时间最快 4.6 秒)的减排情况进行分析。表 5-2 为 2023 年部分时间点的情况,表中列出了具体日期、行驶里程、综合电耗、碳减排量四项内容,在时间上分别选取了初春、春夏之交、夏秋之交、初冬四个时段各三天,每天选择一段行程,类似于随机抽样,然后通过计算平均数来估算每行驶 1 公里的碳减排量。

表 5-2 蔚来 2019 款 ES6 车主 2023 年部分日期碳减排情况

日期	行驶里程(公里)	碳减排量(千克)
3 月 2 日	13.6	0.89
3 月 3 日	13.5	0.89
3 月 4 日	6.5	0.43
5 月 31 日	62.4	4.1
6 月 1 日	34.6	2.3
6 月 2 日	42.3	2.8

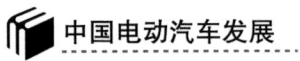

续表

日期	行驶里程（公里）	碳减排量（千克）
8 月 30 日	14.2	0.93
8 月 31 日	138.7	9.1
9 月 1 日	26.3	1.7
12 月 1 日	35.8	2.4
12 月 2 日	141.4	9.3
12 月 3 日	25.2	1.7
合计	554.5	36.54

对选取数据进行汇总分析可发现，该款纯电动汽车的减排效果约为每行驶 100 公里可减少排放 6.6 千克，每公里可减少排放 66 克。二氧化碳对环境的危害主要包括温室效应、酸雨、海平面上升、气体污染、高温、臭氧层被破坏、土地沙漠化、生态系统受损、极端气候增多等。使用纯电动汽车每行驶 1 公里，就可达到减排数 10 克二氧化碳的效果，环境保护意义重大。

燃油汽车的碳排放量可以采用一定的方法计算，其对环境影响的程度可进行相应的定量分析。对于燃油汽车而言，在汽车尾气处理技术一定的情况下，汽车排量越大，其对环境的影响就越大；但对于电动汽车而言，情况就不一样了，如果其使用的全部为清洁电力，无论动力如何，都不涉及碳排放问题。

另一个重要的问题是碳排放的成本究竟有多高。从保护人们的健康和维持环境的可持续性来看，碳排放的成本无疑是非常高的，降低碳排放的价值意义当然特别重大。但为了进行定量比较，以及为鼓励碳减排而支持碳交易，以在实践中更快推进降碳工作，需要给碳排放定出价格，或者明确价格形成机制。近年来，这个问题已经在一定程度上得到了解决，我国已经有了碳排放交易市场。表 5-3 是我国 2023 年 11 月部分日期的碳交易价格。

表 5-3　2023 年 11 月全国碳市场价格行情

时间	收盘价格	单位
2023 年 11 月 13 日	71.81	元/吨
2023 年 11 月 14 日	71.70	元/吨
2023 年 11 月 15 日	73.31	元/吨
2023 年 11 月 16 日	71.53	元/吨
2023 年 11 月 22 日	71.67	元/吨
2023 年 11 月 23 日	72.04	元/吨
2023 年 11 月 27 日	72.11	元/吨
2023 年 11 月 29 日	70.95	元/吨
2023 年 11 月 30 日	70.45	元/吨
平均	71.73	元/吨

资料来源：碳排放交易网，http：//m.tanpaifang.com。

　　碳交易是市场行为，碳排放的价格根据供需关系波动。从 2023 年 11 月 13 日、14 日、15 日、16 日、22 日、23 日、27 日、29 日和 30 日共 9 天的情况来看，碳市场的平均价格为 71.73 元/吨。可以用这个价格来测算碳排放成本。

　　前文分析表明，一辆 2019 款蔚来 ES6 每行驶 1 公里可以减少碳排放约 66 克，如果行驶 10 万公里，则可以减排 6600000 克（合 6.6 吨），可节约 473 元。就单辆车行驶 10 万公里的情况来看，其节约的环境成本似乎不高。每个人开 10 万公里所体现出来的用资金衡量的碳交易价值虽然不大，但作为社会整体而言将是天文数字。以中国的汽车保有量大约 4 亿辆来计算，如果平均每辆车每年开 1 万公里，则其碳交易价值将高达 189 亿元，如果都是纯电动汽车，则每年可节省 189 亿元。仅从资金额度来看，这也是一份巨大的资产。必须强调的是，以碳交易价格来描述车辆使用的环境成本，只是为了方便比较不同技术路线的车辆所具有的不同的环境保护价值，而不是环境质量的

真实价值。至于长期的二氧化碳排放导致的气温上升等环境灾难，所造成的损失难以评估。

第三节　时间成本

使用不同技术路线的车辆，时间成本不一样，主要体现在补能上。目前，补能主要有加油、充电、换电三种方式。

加油是一种比较快的补能方式。燃油车只能通过加油进行补能。由于发展时间比较长，加油站网络非常普及，加油效率也非常高。一般而言，燃油车只需花约2分钟即可将油箱加满，但加油的过程还涉及拔插加油枪、付款甚至开票等环节，整个过程大约5分钟。加满一箱油可跑约600公里。通过简单计算，每跑1公里，大约需要0.5秒补能时间。从发展角度来看，由于加油站加油枪、燃油车油箱等都实现了标准化，且加油的速度已经非常快，补能的时间在短期内不会变得更快。

充电比较慢。目前纯电动汽车不少通过充电进行补能（利用家用充电桩补能不在考虑之列）。混合动力汽车则既可充电又可加油。换电式纯电动汽车可以充电也可以换电。充电桩受电网容量、变压器容量、电池特性等多方面因素的影响，充电往往达不到理想的功率，且出于保护电池需要在电池电量低于10%或高于90%时普遍采取涓流充电方式，导致充电时间过长，影响了补能体验，部分消费者甚至认为上当受骗而心生不满。电动车通过充电进行补能，所需时间在30分钟甚至1小时以上，所充电量可支持车辆续航300~500公里，每跑1公里，大约需要5秒钟补能时间。同加油相比，充电的效率比较低，慢了10倍左右。车辆在面对跑长途等使用场景时补能太慢会大大降低使用体验，这也是很多人不愿购买电动汽车的原因。现在，很多厂家在千方百计提高电动汽车充电功率，但受到多种因素的制约，短期内很难有突破。

换电比较快。换电的补能方式，实际上主要就是为了解决电动汽车充电慢而产生的。由于采取模块化设计，换电过程实际上是对一个固体物件进行卸装，与电池电容量大小没有关系。换电过程主要包括进库、进行有关检测、卸装、通电等。现在的技术条件，狭义上的换电过程即卸装环节约 3 分钟，加上其他环节共计约 5 分钟，行驶里程大约 400 公里，每行驶 1 公里，大约需要 0.75 秒补能，效率比加油低了一半。换电的技术仍然在持续进步，通过提高机械的稳定性和缩短进库、检测时间等，以进一步压缩全过程时间来提升体验。例如，蔚来汽车最新的三代换电站已经实现在 4 分钟内完成整个换电流程，效率提升了 20%。另外，随着电池技术的进步，电池体积不变的情况下，电容量不断提高。随着换电时间缩短、电池容量变大，换电的效率有望追平加油的效率。

混合动力汽车既可加油也可充电，其补能效率介于二者之间。加油占比越高，其效率越高；反之则相反。但由于汽油的价格远高于电的价格，加油越多，消费者付出的成本就越高，换句话说，效率越高，使用成本就越高；效率越低，使用成本就越低。这成了一个难解的矛盾。而且，由于混合动力汽车既需要搭载电池，又需要搭载油箱，在车辆体积总体受限的情况下，导致其电池和油箱都不会太大，每次充满电或加满油带来的续航里程都相对较小，这就会带来更加频繁的充电和加油，从而增加消费者补能的时间。

任何补能的时间都需要考虑去程和返程，合计按 30 分钟计算。燃油车每次补能时间为约 35 分钟，充电补能每次为约 75 分钟，换电补能每次为约 35 分钟。混合动力汽车假设为加油和充电的中间值偏低一些（45 分钟），可行驶里程也作类似估算（450 公里）。

以行驶 10 万公里计算，加油的时间共需要 97 小时，充电的时间共需要约 313 小时，换电的时间共需要约 146 小时。

按湖北省 2023 年最低工资标准（1900 元），每天工作 8 小时，正

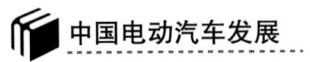

常双休，最低时薪约 11 元。

现在可以用最低工资去比较三种补能方式造成的时间成本差异。在三种补能方式中，加油用时比较低，换电其次，充电时间最长。以行驶 10 万公里计算，加油的时间为 97 小时，按 2023 年湖北省最低工资标准计算，时间成本为 1067 元，换电的时间成本为 1606 元，充电的时间成本为 3443 元。换电比加油多支出 539 元，充电比换电多支出 1837 元。

10 万公里行程，对很多家庭来说，需要使用车辆 5~10 年才能达到，分摊到每年，时间成本差异也就数十元至数百元，费用似乎没有高多少。但是考虑到我国人口众多，对全社会而言是很大的节约。以我国车辆保有量约 4 亿辆计算，不同的补能方式造成的全社会时间成本差异将至少达到 1200 亿元。

用最低工资标准作为测算依据，只是一种参考，并不科学。考虑到我国车辆使用者大多是收入相对较高的家庭，应该用平均工资来计算更符合实际情况。

根据湖北省统计局公布的数据，2022 年该省平均工资为 84478 元，平均每月约 7040 元。每月平均按 20 个工作日、每个工作日按 8 个小时测算，2022 年湖北省平均时薪约为 44 元，是其最低时薪的 4 倍。根据平均时薪测算，加油、换电、充电三种补能方式的时间成本分别为 4268 元、6424 元、13772 元，换电比加油多支出 2156 元，充电比换电多支出 7348 元。

显然，对于运营车辆而言，时间就是金钱，时间成本的差异更加明显，直接关系到车辆经营效益。运营车辆需要花一定的时间完成一定的里程数量，才能覆盖车辆作为固定资产的折旧成本或者租赁成本，剩下的时间才能够带来收益。补能时间越短，越有利于提高收益。

工资越高，补能产生的时间成本越高；社会发展程度越高，不同的补能方式所产生的时间成本差距越大。如果将眼光放到全球，则不同补能方式造成的时间成本的差异更加巨大。因此，补能时间越长、社会损失越大。

第四节　供应链

不同技术路线的电动汽车，其供应链不同，甚至差距巨大，主要体现为动力系统不同。本书主要从比较宏观的角度突出原则性的不同，而不是深入研究技术细节。

一、插电式混合动力电动汽车

插电式混合动力电动汽车的动力系统比较复杂，集成了内燃机动力系统和电动机动力系统，主要包括内燃机、电动机、电池组、传动系统和控制系统，可简单理解为在燃油汽车上加了一套纯电动汽车系统，两套系统既可以单独驱动车辆，也可以共同工作驱动车辆。

二、增程式混合动力电动汽车

增程式混合动力电动汽车的动力系统也比较复杂，包含了电动机、电池组、发动机和发电机等，发动机和发电机配合工作用燃油发电，所发的电给电池组充电，电池组再向电动机供电，然后驱动车辆。增程式混合动力电动汽车可以理解为在纯电动汽车上加了一套增程器（发动机+发电机），增程器只负责向电池组提供电力，不参与驱动车辆工作。

三、纯电动汽车

纯电动汽车的结构比较简单，其动力系统主要为电池组和电动机，电池组负责向电动机供电，电动机负责驱动车辆；与插电式混合动力

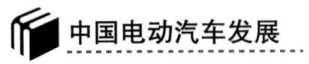

汽车相比，少了燃油汽车的发动机等一整套动力系统；与增程式混合动力汽车相比，少了发动机和发电机。

四、换电式纯电动汽车

与纯电动汽车的结构一样，换电式纯电动汽车的结构也很简单，区别仅在于为适应换电的需求，底盘结构有所不同，但差异不大。一般来说，将只能充电的纯电动汽车的底盘改为可以适配换电的底盘，投资只需要 1000 万~2000 万元。

其他混合动力汽车由于纯电续航里程太短，节能降耗意义不大，在我国并未将其归类于电动汽车，故不进行专门分析。

第五节　补能

一、插电式混合动力电动汽车

由于有两套动力系统，插电式混合动力电动汽车需要有相应的两套补能系统支持，即加油系统和充电系统。

二、增程式混合动力电动汽车

增程式混合动力电动汽车虽然只有一套动力系统，即仅由电动机进行驱动，但由于其增程器需要使用汽油发电为电池充电，所以也需要充电和加油两套系统的支持。

三、纯电动汽车

纯电动汽车一般默认为只能充电的纯电动汽车，其只需要充电系统支持即可。

四、换电式纯电动汽车

换电式纯电动汽车也是可以充电的，需要充电系统和换电系统予以支持。理论上讲，换电式纯电动汽车可以只依赖换电系统即可。但当前，换电设施覆盖面还不够，换电式纯电动汽车均设计为既可充电也可换电模式。

第六章 主要电动汽车之间的比较

第一节 插电式混合动力汽车与纯电动汽车的比较

从能源成本来看，插电式混合动力汽车高于纯电动汽车。插电式混合动力汽车因为有两套动力系统，在使用过程中往往需要加油。以我国目前的电价和汽油价格，单位里程所需要的能源成本用电比用油低了很多，大约相当于1/5。在里程相同的情况下，用汽油越多，使用成本越高。

以前面提到过的本田凌派每行驶 1 公里约需 0.52 元进行测算，相同级别的插电式混合动力汽车，在使用汽油燃烧驱动的情况下，每公里能源成本一样，即 0.52 元；使用电力驱动时，在使用商用充电桩充电的情况下，每公里约 0.17 元。假设每年行驶 1 万公里，其中 20% 里程为燃油驱动，80% 里程为电力驱动，则使用插电式混合动力汽车每年的能源成本为：

$$10000×20\%×0.52+10000×80\%×0.17=2400（元）$$

如果为纯电动汽车，且全年都采用商业充电进行补能，其每年的能源成本为：

10000×0.17＝1700（元）

行驶1万公里，插电式混合动力汽车的能源成本比同级纯电动汽车高出700元。行驶里程越长，能源成本越高。如果按20万公里计算，将高出1.4万元。

另外，燃油驱动模式下油耗越高，差距就越大。

3.0吨宝马X5百公里油耗约为12.5升，按2023年11月27日武汉市93号汽油的价格为每升7.93元进行测算，使用3.0吨宝马X5每行驶1公里成本为：

12.5×7.93/100＝0.99元

同级纯电动汽车蔚来ES6每行驶1公里能源成本约0.25元。

如果一台拥有3.0吨宝马X5的燃油驱动动力和蔚来ES6的电力驱动动力的插电式混合动力汽车，则其每行驶1万公里的能源成本为（按20%燃油驱动计算）：

10000×20%×0.99＋10000×80%×0.25＝3980（元）

蔚来ES6每行驶1万公里的能源成本为：

10000×0.25＝2500（元）

在上述情况下，插电式混合动力汽车每行驶1万公里的能源成本比纯电动汽车高1480元；如果按20万公里计算，将高出2.96万元。

使用燃油驱动的比例越高，能源成本越高。以拥有3.0吨宝马X5的燃油驱动动力和蔚来ES6电力驱动动力水平的插电式混合动力汽车为例，如按30%里程使用燃油驱动测算，则其每行驶1万公里的能源成本约为：

10000×30%×0.99＋10000×70%×0.25＝4720（元）

在此种情况下，插电式混合动力汽车每行驶1万公里的能源成本比纯电动汽车高2220元，如果按20万公里计算，将高出4.44万元。

使用燃油驱动的比例越低，能源成本相应越低。但无论如何，只

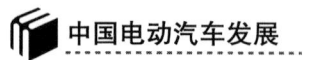

要使用了燃油驱动，无论占多低比例，都比纯电动汽车的能源成本要高。如果使用的比例不到10%，则使用插电式混合动力汽车的意义就不大了，不如直接使用纯电动汽车。

从环境成本来看，二者之间也存在差异。纯电动汽车零排放，而插电式混合动力汽车如果使用汽油，会产生相应的排放从而增加环境成本；用油越多，环境成本越高。如果插电式混合动力汽车不使用汽油，那么，二者都不产生环境成本，但插电式混合动力就失去了意义，与纯电动汽车无异，反而多了一套多余的动力系统。

插电式混合动力汽车使用燃油驱动越多，其排放就越大，环境成本就越高；燃油驱动动力越强，油耗就越高，环境成本也越高。

从时间成本来看，由于加油所需的时间小于充电的时间，所以，在相同里程的情况下，插电式混合动力汽车如果采取加油作为补能方式，其比纯电动汽车要节省时间。但是，如果二者都采用充电方式，由于插电式混合动力的电池容量较小，而纯电动汽车的电池容量较大，在相同里程的情况下，插电式混合动力汽车需要更多的充电次数才能满足续航需求，其所需要的时间更长，时间成本更高。

以1万公里计算，当插电式混合动力汽车使用燃油驱动里程占20%、电力驱动占80%，电池40度，可用电池度数约85%，假设每度电可以驱动车辆行驶4公里，其需要的充电次数大约为：

$10000 \times 80\% / (40 \times 85\% \times 4) = 58.8$（次）

每次充电时间约为40分钟，路上往返需时间约30分钟，则完成59次充电的时间大约为4116分钟。

假设加满一箱油能跑500公里，则燃油驱动时段的加油次数为：

$10000 \times 20\% / 500 = 4$（次）

每次加油约需要5分钟，路上往返时间约为30分钟，燃油驱动里程部分补能时间为140分钟。

插电式混合动力汽车行驶1万公里的补能时间合计大约为4256分

钟，合约 71 小时。

如果是纯电模式，按照电池容量 80 度，可用电池度数约 85%，每度电可以驱动车辆行驶 4 公里，其需要的充电次数大约为：

10000/（80×85%×4）= 36.8（次）

每次充电时间约为 50 分钟，路上往返需时间约 30 分钟，则完成三十七次充电的时间大约为 2944 分钟，合约 49 小时。

在上述情况下，插电式混合动力汽车补能时间比纯电动汽车多出约 22 小时。按湖北省 2023 年最低时薪约 11 元测算，时间成本约为 242 元；按湖北省 2023 年平均时薪约 44 元测算，时间成本约为 968 元。

需要说明的是，用车的情况非常复杂，无论是使用燃油驱动里程所占比例、油耗、电耗等，都因人而异、因时而异，此处只是一种符合某类事实的假设情况。

从供应链来看，插电式混合动力汽车有两套动力系统——内燃机动力系统和电动机动力系统，供应链较长，零部件较多，保养维修成本较高。纯电动汽车只有一套电动机动力系统，结构相对简单，供应链较短，零部件较少，保养维修成本相对较低。二者相比，纯电动汽车具有一定优势。

插电式混合动力汽车因为有两套动力系统，需要有充电站和加油站两个系统作为补能支撑。纯电动汽车只需要充电站系统支撑。虽然充电站目前还不如加油站便利快捷，但对消费者的使用体验影响已经很小了。假以时日，随着充电桩功率的增大和充电设施的普及，充电站系统将进一步完善，充电体验会更好。

从以上五个方面可见，与插电式混合动力汽车相比，纯电动汽车在经济性和生态性上具备多方面优势，但在补能便利性上不如插电式混合动力汽车。

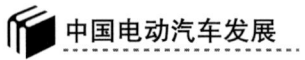

第二节 纯电动汽车与换电式纯电动汽车的比较

从能源成本来看，一般纯电动汽车与换电式纯电动汽车都使用电力驱动，同级车辆几乎没有区别。

从环境成本来看，二者在使用过程中都是零排放，也没有区别。

从时间成本来看，在充电过程中，二者一样。区别在于，换电式纯电动汽车主打换电，而换电比充电快很多，所以换电式纯电动汽车时间成本较低。使用换电越多，时间成本越低。随着换电站越建越多，使用换电式纯电动汽车的时间成本将越来越低。

假设两种情况进行分析。

一种情况是，换电式纯电动汽车只换电。假设使用 80 度电池，电池有效使用率为 85%，每度电可以驱动车辆行驶 4 公里，则每行驶 1 万公里，其需要的补能次数为 37 次，每次换电时间约 5 分钟，往返换电站按 30 分钟计算，则换电式纯电动汽车补能所需要的时间约为 1295 分钟（37×35），合约 22 小时。一般纯电动汽车补能时间约为 2960 分钟（37×80，充电时间 50 分钟，往返充电站 30 分钟），约合 49 小时。每行驶 1 万公里，换电式纯电动汽车比一般纯电动汽车节省约 27 小时。按照湖北省 2023 年最低时薪约 11 元测算，节省时间成本约为 297 元；按湖北省 2023 年平均时薪约 44 元测算，节省时间成本约为 1188 元。

另一种情况是，换电式纯电动汽车使用充电补能占行驶里程的 20%，换电占 80%。同样假设使用 80 度电池，电池有效使用率为 85%，每度电可以驱动车辆行驶 4 公里，则每行驶 1 万公里，其需要的补能次数也为 37 次，补能时间为：

$$37×20\%×80+37×80\%×35 = 1628（分钟）$$

合约 27 小时，比不能换电的纯电动汽车节约 22 小时。按照湖北省 2023 年最低时薪约 11 元测算，可节省时间成本约为 242 元。

由此可知，使用换电比例越高，节省时间越多，时间成本越低。

由于换电式纯电动汽车使用了模块化的电池，即不同车型甚至不同品牌的汽车都使用同一规格或者少数几种规格（类似于汽油型号）的电池，所以，换电式纯电动汽车在电池环节的供应链反而比不能换电的纯电动汽车要简单一些。虽然因换电需求导致的结构性要求可能使底盘构造更加复杂，需要增加紧锢螺丝等零部件，但免去了不同车型需要设计不同电池包的麻烦。

换电式纯电动汽车也是可以充电的，凡是一般纯电动汽车能够用到的充电桩，换电式纯电动汽车也能使用。而换电式纯电动汽车还有换电系统的支持，多了一种补能方式。所以，尽管换电式纯电动汽车需要两套补能系统支持，但其总体上比一般纯电动汽车补能更方便，正如插电式混合动力汽车和增程式混合动力汽车比一般纯电动汽车补能更方便一样。补能系统越多，对消费者来说越方便。至于多一套需要大量投入的系统，那是企业需要考虑的问题。而且，一般来讲，同汽车生产的激烈竞争不同，补能系统往往是赚钱的，只是前期投入过大而已。

从上述内容来看，换电式纯电动汽车与一般纯电动汽车相比，几乎没有劣势，反而在补能便利性和节省时间成本两个方面具有优势。

第三节　纯电动汽车与增程式混合动力汽车的比较

从能源成本来看，纯电动汽车只加电，电费与汽油费相比低不少。增程式混合动力汽车会部分使用汽油作为动力源（不是通过发动机燃烧汽油直接驱动，而是发动机与发电机配合发电通过电池组给电动机

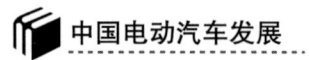

供电驱动），用油时段比用电时段能源成本高。在使用增程式混合动力汽车过程中，使用燃油发电路程占比越高，成本就越高，由此来看，纯电动汽车的低成本优势就越明显。假设增程式混合动力汽车使用燃油进行驱动的路程占比为 20%，又假设每年行驶里程为 1 万公里，根据前面所选取的数据，可以测算出每年纯电动汽车比增程式混合动力汽车少支出很多。

从时间成本来看，纯电动汽车只能使用电力驱动，而目前主流市场电池的容量较小，真实续航里程在 450 公里左右，而增程式混合动力汽车加满一箱油，真实续航在 700 公里左右（随着技术进步，二者真实续航在不断提高）。但是，从全使用周期来看，同样假设增程式混合动力汽车使用燃油进行驱动的里程占比为 20%，又假设每年行驶里程为 1 万公里，在 80% 的里程部分，增程式混合动力汽车由于需要放置增程器，空间限制，而且出于成本考虑，电池比较小，每次满电真实续航里程约 120 公里，也就是说，跑一次补能站，在纯电情况下纯混合动力汽车比增程式电动汽车的效率高，将近 4 倍。在全部里程的 80% 部分，增程式混合动力汽车在补能上所花的时间比纯电动汽车长很多。

下面我们用前面预设的数据来具体测算一下差异。

（1）假设 1.80% 里程都用电的路段

里程数为：

10000 公里×80% = 8000（公里）

①纯电动汽车有关情况

纯电动汽车需要补能次数为：

8000÷450 = 17.8（次）

纯电动汽车每次补能时间：

约 0.83 小时

纯电动汽车该路段总体补能时间：

17.8×0.83＝148（小时）

②增程式电动汽车有关情况

增程式混合动力汽车需要补能次数为：

8000÷120＝66.7（次）

增程式混合动力汽车每次补能时间：

约0.67小时

增程式混合动力汽车该路段总体补能时间：

66.7×0.67＝44.5（小时）

（2）假设2.20%里程增程式混合动力汽车用汽油的路段

里程数为：

10000公里×20%＝2000（公里）

①纯电动汽车有关情况

纯电动汽车需要补能次数为：

2000÷450＝4.4（次）

纯电动汽车每次补能时间：

约0.83小时

纯电动汽车该路段总体补能时间：

4.4×0.83＝3.7（小时）

②增程式混合动力汽车有关情况

增程式混合动力汽车需要补能次数为：

2000÷700＝2.9（次）

增程式混合动力汽车每次加油时间为：

0.08小时（5分钟）

增程式混合动力汽车该路段总体补能时间为：

2.9×0.08＝0.2（小时）

（3）全部里程补能次数

纯电动汽车补能次数为：

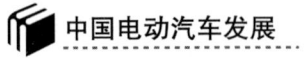

17.8+4.4=22.2（次）

增程式混合动力汽车补能次数为：

66.7+2.9=69.6（次）

从补能次数来看，纯电动汽车比增程式混合动力汽车少了很多，仅相当于其大约1/3。

（4）全部里程补能时间

纯电动汽车耗时：

14.8+3.7=18.5（小时）

增程式混合动力汽车耗时：

44.5+0.2=44.7（小时）

从补能时间来看，纯电动汽车也比增程式混合动力汽车要短得多，约为40%。当然，这里主要考虑在外补能的情况。从全社会总体情况来看，纯电动汽车在时间成本方面优于增程式混合动力汽车。

从环境成本来看，纯电动汽车无论任何时候都使用电力驱动，实现了终端零排放，对环境没有造成破坏。增程式混合动力汽车推出的初衷就是要用汽油来弥补充电存在的设施较少和充电较慢的问题，而增程器中发动机和发电机协同工作时有汽油燃烧过程，存在排放二氧化碳和一氧化碳等，对环境有影响。从对环境的友好度来看，纯电动汽车优于增程式混合动力汽车。

从供应链来看，纯电动汽车动力系统比较简单，只有电池、电机以及电控"三电"系统，而增程式混合动力汽车除了拥有纯电动汽车的"三电"系统外，还要增加增程器系统（主要为发动机、发电机以及油箱），要复杂得多，供应链较长，对供应链的要求较高。对于汽车而言，零部件越少、供应链越短，供应体系就越稳定。从供应链角度来看，纯电动汽车比增程式混合动力汽车有优势。

从补能角度来看，纯电动汽车只能采用充电方式，而增程式混合动力汽车既可以充电又可以换电。目前，充电桩建设的覆盖面还不够广，且维护水平不高，导致"有桩不能充"等问题时有发生，而加油站经过长期发展已经非常成熟完善。增程式混合动力汽车可以适配两种体系，具有较强的灵活性和韧性。在补能方面，纯电动汽车不如增程式混合动力汽车。

增程式混合动力汽车的能源成本也可用油电转化率进行分析。2024 年 1 月 13 日，哪吒汽车续航测试宣称，两辆搭载高效三合一集成 1.5 升四缸增程器的哪吒 S 增程式混合动力汽车油电转化率分别为 3.0 千瓦时/升和 2.9 千瓦时/升。根据哪吒 S 此次测试情况推算，一般增程式混合动力汽车油电转化率约为 3.0 千瓦时/升。每升汽油价格约为 8 元，使用增程器发电的电力成本约为每度 2.6 元，远高于一般商用充电桩充电价格（约 1~1.5 元）。

综上所述，纯电动汽车在经济性、生态性等多个方面优于增程式混合动力汽车。纯电动汽车的不足之处在于，补能便利性不够。但是，随着时间的推移，充电设施越来越多，充电速度越来越快，纯电动汽车的补能体验将越来越好。进一步分析可见，增程式混合动力汽车的补能便利优势，是以牺牲使用成本和环境成本为代价的。

第四节　换电式纯电动汽车与增程式混合动力汽车的比较

在能源成本、环境成本两个方面，换电式纯电动汽车与增程式混合动力汽车的差别，同一般纯电动汽车和增程式混合动力汽车的差别几乎完全一样。换句话讲，换电式纯电动汽车在能源成本和环境成本方面，都比增程式混合动力汽车有优势。增程式混合动力汽车使用汽油越多，越不经济，相对于换电式纯电动汽车越没有比较优势。

在补能时间方面，增程式混合动力汽车的电池较小，在使用电力驱动及相同里程情况下，其补能时间要大于换电式纯电动汽车。当然，在使用燃油发电驱动及相同里程情况下，虽然补能时间一样，但每次使用燃油补能后行驶的里程要比每次换电后的里程更长，所以综合来看时间较短。具体分两种情况进行分析。

第一种情况，换电式纯电动汽车完全采用换电模式，增程式混合动力汽车则采用20%里程为燃油发电驱动模式，各行驶1万公里。换电式纯电动汽车（携带80度电池）的补能时间合约22小时（10000/（80×85%×47×35/60））。增程式混合动力汽车的补能时间中，充电部分时间为：

10000×80%/（40×85%×4）×70/60＝69（小时）

加油部分时间为：

10000×20%/500×35/60＝2（小时）

合计约71小时。

二者相差约49小时。

第二种情况，换电式纯电动汽车有20%里程为充电补能，其余为换电补能，其补能时间分为两部分。充电部分时间为：

10000×20%/（80×85%×4）×80/60＝10（小时）

换电部分时间为：

10000×80%/（80×85%×4）×35/60＝17（小时）

共计合约27小时。

与增程式混合动力汽车相比，换电式纯电动汽车节省时间约44小时。

可见，在两种情况下，换电式纯电动汽车都比增程式混合动力汽车节省时间。如果行驶20万公里，则二者的差距分别为980小时和880小时。

由此可见，换电式纯电动汽车相对于增程式混合动力汽车的优势，比一般纯电动汽车更加明显，更节约更经济。

第五节　电动汽车可持续发展浅析

为了更加直观地反映插电式混合动力汽车、增程式混合动力汽车、纯电动汽车和换电式纯电动汽车等电动汽车的差异，为行业和消费者提供参考，并以此分析电动汽车的发展趋势，本书从多个方面进行定性分析，并辅以适当的定量分析作为参考。

具体而言，主要考虑直接成本、间接成本、供应链、健康、安全性、车辆性能、社会价值七个部分共十六个方面。其中直接成本包含能源成本、税收减免、保养、保险、电池衰减、可回收利用情况六个方面；间接成本包含环境成本、时间成本两个方面；供应链主要指核心零部件数量；健康包含噪声等方面；安全性主要指刹车距离；车辆性能主要指零百公里加速时间；社会价值包括对电网的贡献、对家庭和企业的贡献两个方面。

对能源成本方面的分析，可以采用定量的方式，更加直观。如果是插电式混合动力汽车和增程式混合动力汽车，统一采用20%里程使用燃油驱动、80%里程使用电力驱动来进行平均测算。油价按8元每升计算，电价按1元每度计算；油耗按照每百公里8升计算，电耗按照每百公里20度计算。插电式混合动力汽车每公里的能源成本为8×8/100×20%+1×20/100×80% = 0.29（元），纯电动汽车每公里能源成本为1×20/100 = 0.2（元）。事实上，由于新能源汽车充电可以在谷段充电，真实的平均电价往往低于每公里0.2元，而汽油则只能在加油站补充，所以纯电动汽车实际上在每公里能源成本方面可以做到更低。考虑到相当部分车主可以在谷段进行补能，需要进一步对指标进行修正。

在税收减免方面，电动汽车都享有同等的减免税政策，但换电式纯电动汽车有所例外，现有政策支持其可以采取车电分离的方式将电

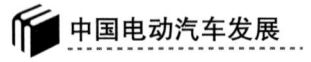

池独立开来以租赁的方式获得使用权，不用缴纳电池部分的购置税。以电池一般占整车成本的30%测算，换电式纯电动汽车可以获得至少30%的购置税优惠。假如购置税为2万元，则可获得6000元优惠，即消费者只需缴纳1.4万元的购置税即可。由于车辆购置税的税率是固定的，所以，因为购置税减免产生的差距在比例上也基本是固定的。如果考虑具体情况，则电池成本占整车成本比例越高，换电式纯电动汽车可以通过车电分离获得的税收优惠比例就越高，其比较优势就越明显。有关税收优惠政策只是阶段性政策，今后将会取消。但是，换电式纯电动汽车车电分离政策及与之相关的购置税减免有可能会继续保留，以鼓励能源新技术的开发与使用，从而使换电式纯电动汽车的优势得以延续。

在保养方面，主要对应动力系统的部件数量。燃油汽车发动机、油箱、变速器、传动系统四个较大部件需要保养。插电式混合动力汽车动力有发动机、油箱、变速器、传动系统、电池、电动机和电控七个较大部件需要保养。增程式混合动力汽车需保养的较大部件为发动机、油箱、电池、电动机和电控五个。纯电动汽车和换电式纯电动汽车需保养的部件为电池、电动机和电控三个。需要保养的部件越多，所需要的保养费用就越高。在不同的工况要求下，相似的部件磨损是有区别的，需要保养的频率也有差别。例如，同样是发动机，但在插电式混合动力汽车上所起到的作用比在增程式混合动力汽车上更重要，后者只需要配合发电机工作即可。

在保险成本方面，同等价位的汽车，目前新能源汽车的保险虽然比燃油汽车略高，但在这方面各类型的电动汽车之间并不存在差异。保险额度越高，越不利于市场竞争和可持续发展。

电池衰减是影响电动汽车、二手车价格的关键因素，对汽车产品的竞争力也有重要影响。除了燃油汽车，目前电动汽车所使用的电池，都存在衰减问题。虽然业界一般认为电池的衰减对汽车更换周期内的使用基本没有影响，但考虑消费体验降低等因素，应进行有差别的界定。纯电动汽车电池较大，但由于不携带油箱，电池衰减后对消费者的使用体验影响最大。插电式混合动力汽车与增程式混合动力汽车，虽然有油箱作为保障，但由于电池较小，衰减后对使用体验影响也比较大。换电式纯电动汽车因为随时可以到换电站更换电池，电池衰减由厂家承担，理论上从消费者角度而言不存在电池衰减问题，对使用体验几乎没有影响。燃油汽车没有电池，油箱也不存在衰减问题，对消费者的使用体验没有影响。

可回收利用情况，主要指电池部分。新能源汽车电池退出后的污染问题是社会比较担心的。随着技术的进步，对从车辆上淘汰的电池除可以进行梯次利用外，还可以通过回收利用降低污染并实现部分经济价值，由此提高了电池包的残值以及整车残值。我国电池头部企业宁德时代已经具备镍钴锰回收 99.6%、锂回收 91% 的能力。对锂电池中的贵金属进行回收，还可以提高新能源汽车的供应链安全，消除了锂等贵金属材料用完了就没有的顾虑，从而抑制电池上游材料涨价（锂等贵金属材料属于不可再生资源），使新能源汽车整车价格保持在相对合理的水平。可将电池类比为油箱与油，来分析不同动力形式的汽车可回收利用情况。燃油汽车只有油箱，汽油在使用过程中耗尽，没有残值，油箱不可重复使用，其残值为废旧金属价格，比较低。在车用动力电池退出后，其包含的金属材料可以回收利用，残值可达数千甚至上万元；电池越大，残值越高。插电式混合动力汽车与增程式混合动力汽车由于要为油箱留出空间，电池比纯电动汽车小，残值较低，但仍高于燃油汽车油箱。综合来看，燃油汽车油箱残值最低，混合动力汽车油箱与电池残值其次，纯电动汽车电池残值最高。

在环境成本方面，燃油汽车全程都因为燃烧汽油产生排放，对环境造成了极大的压力。插电式混合动力汽车和增程式混合动力汽车，在燃油直接或者间接驱动的情况下，也会因为燃烧汽油而产生排放，但是在使用电力驱动环节则不产生排放。按照20%的里程使用燃油驱动，则其排放也可简单理解为燃油汽车的20%。纯电动汽车和换电式纯电动汽车只依靠电力驱动，其排放为0。可以简单假设燃油汽车排放为100%，则插电式混合动力汽车和增程式混合动力汽车排放为20%，纯电动汽车和换电式纯电动汽车排放为0。

补能便利性包括补能方式、基础设施建设完善度和单次补能时间。补能方式主要包括加油、加电、换电三种。从基础设施完善度来看，加油站网络是最为完善健全的。充电设施虽然发展很快，但存在总量不足、分布不均、管理不善等问题。换电站与加油站和充电站相比，无论是数量还是网络完善度，目前都存在较大差距。综合来看，燃油汽车基础设施最完善，使用很方便；插电式混合动力汽车和增程式混合动力汽车既可加油又可充电，使用也很方便；纯电动汽车由于充电设施不足和充电时间较长，目前使用最不方便；换电式纯电动汽车因既可充电又可换电，比其他纯电动汽车补能更为方便，但目前还不如燃油汽车和混合动力汽车。

从时间成本来看，为了便于比较，按照行驶1万公里、插电式混合动力汽车和增程式混合动力汽车使用燃油驱动占总里程20%来测算，燃油汽车需要的补能时间为500分钟（按一箱油可以行驶700公里计算，10000/700×35），约合8小时。燃油汽车的补能时间最短，纯电动汽车的补能时间最长，换电式纯电动汽车补能时间介于二者之间。

供应链上的区别主要因为不同的动力形式而产生。燃油汽车动力系统主要包括发动机、油箱、变速器、传动系统四个部件。插电式混合动力汽车动力系统除了完全拥有燃油汽车所具有的四大部件，还包括电池、电动机和电控三大部件，共有七大部件。增程式混合动力汽车与插电式混合动力汽车相比，少了变速器和传动系统两个部件，共有五大部件。纯电动汽车和换电式纯电动汽车，则只有电池、电动机和电控三个大的部件。动力系统的部件越多，供应链越长、越复杂，对制造车辆的技能要求越高，车辆质量的可靠性和稳定性成本越高。当然，不同部件的技术含量不同，对供应链的要求也不同。对不同部件的差异在此不作深入分析。

噪声。燃油汽车在行驶过程中，一直依靠燃烧汽油驱动车辆，发动机在工作过程中会产生较大的噪声。尽管人们一直努力通过各种材料技术和工程技术降低噪声，但很难完全消除。插电式混合动力汽车在使用电力驱动车辆时，发动机停止工作，不产生噪音，只有在燃油驱动模式下发动机才产生噪音。增程式混合动力汽车虽然全程都为电力驱动，但当电池里的电用完或者出于某种原因切换到增程器工作状态时，发动机开始工作，会产生噪声。纯电动汽车没有发动机，行驶过程中始终依靠电动机驱动，噪声很小。简单比较，燃油汽车噪声最大，插电式混合动力汽车与增程式混合动力汽车次之，纯电动汽车和换电式纯电动汽车噪声最小。

零百公里刹车距离，关乎汽车在出现紧急情况时能否迅速刹停车辆，以避免和减少灾难事故的发生。刹停是车辆非常重要的安全性能，同等级别特别是车辆重量相同的情况下，燃油汽车由于惯性，从 100 公里时速到刹停所需要的距离较长。纯电动汽车（包括换电式纯电动汽车）以及完全依靠电力驱动的增程式混合动力汽车，由于没有发动机惯性，刹停距离相对较短。插电式混合动力汽车介于二者之间，具体要看采取哪种驱动方式，在依靠电力驱动的模式下，其刹车距离类似于纯电动汽车；若依靠燃油驱动时，其刹车距离类似于燃油汽车。纯电动 SUV 车型刹车距离为 34 米左右；增程式混合动力 SUV 车型因用电力驱动刹车距离与纯电动汽车相当（34 米左右）；燃油 SUV 车型刹车距离 38 米左右；混合动力汽车刹车距离则看其行驶时的驱动方式，如果使用燃油驱动则刹车距离较长，如果使用电力驱动，则刹车距离较短。

零百公里加速时间，是衡量车辆性能的重要指标，也是消费者购

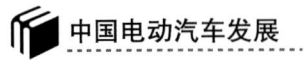

买汽车产品时关注的主要参数之一。零百公里加速时间越短，一般来说越受到消费者的青睐。在选取数据时，以同级别车型为参照。燃油汽车宝马 X3 车型，宝马公司官方公布的零百公里加速时间为 5.7 秒（燃油驱动模式下，这样的加速是在比较理想的状态下才能达到，有第三方实测为 7.9 秒）。增程式混合动力汽车理想 L7，官方公布零百公里加速时间为 4.7 秒。纯电动汽车小鹏 G9（双电机），官方公布的零百公里加速时间为 3.9 秒。换电式纯电动汽车蔚来 ES6 车型（双电机），官方公布的零百公里加速时间为 4.7 秒。综合不同车型，并且考虑到单双电机差异，不同动力形式的车辆零百公里加速时间大致如下：燃油汽车零百公里加速时间最长，插电式混合动力汽车和增程式混合动力汽车次之（燃油驱动或者燃油发电驱动模式下加速变低），纯电动汽车和换电式纯电动汽车最短。

对电网的贡献。由于 V2G（Vehile-to-Grid 的简称，指电动汽车往电网输送电力的技术）技术，原来的电力消费端同时可以成为电力输出端。电动汽车所使用的电池以及换电站，主要从电网获取电力。当不需要使用时，终端用户或者换电站可以通过 V2G 技术将电池或者换电站里的部分电力输送给电网，帮助电网"削峰填谷"，提高安全性。燃油汽车由于没有携带动力电池，无法向电网输送电力。插电式混合动力汽车和增程式混合动力汽车可以通过 V2G 技术向电网输送电力，但因所携带电池容量较小，能输送的电力也较少。从理论上来讲，增程式混合动力汽车既可以使用汽油发电，也可以向电网输送更多电力，但燃油发电比较昂贵，没有经济性。纯电动汽车携带比较大的电池，电力容量较大，可以向电网输送较多电量。换电式纯电动汽车需要换电站配套，而换电站也可以通过 V2G 对电网输送电力，相当于其对电网的贡献得到了拓展与增强。考虑到上述差异，可以对不同动力形式的汽车进行相应的定量赋值，但业界在具体取值上争议较大。综上，就对电网的贡献而言，燃油汽车的贡献最小，插电式混合动力汽车和增程式混合动力汽车的贡献较大，纯电动汽车的贡献相对更大，换电式纯电动汽车的贡献最大。

对家庭或者企业的贡献。目前的新能源汽车不仅可以充电，也可以放电，这在特殊情况下可以帮助家庭或者微小企业渡过缺电难关。2024 年初，一位拥有多辆电动汽车的车主在网络上分享了他如何利用电动汽车解决因房东纠纷导致的断电问题。该车主同时拥有理想 ONE、蔚来 ES6 和特斯拉 Model Y 长续航版三辆电动汽车，理想 ONE 为增程式混合动力汽车，后两者为纯电动汽车。他用最小的电池专门给财务室的设备供电，因为财务室用电量比较小，但涉及资金这一关键业务，使用了专供模式。用最大的电池给办公室照明和各类插座供电。照明和各类插座涉及电器较多，耗电量较大，且用完后可以通过换电方式很快得到补充。用电池电量处于上述二者之间的电动汽车为部分插座供电且备用切换，主要起补充作用。他在公司断电的情况下，用这些电动汽车确保了网站更新、稿酬发放和电商收发货，保障了公司顺利运行。在电网受自然灾害等因素影响而不能正常供电的情况下，电动汽车完全可以作为分布式应急电源以满足家庭和微小企业的生产生活需要。

第七章 技术竞争

燃油汽车时代，定义汽车的要素包括发动机马力、零百公里加速时间、刹车距离、底盘、空气悬架等。电动汽车特别是电动智能汽车时代，除了上述要素外，电池、电动机、电控、风阻系数等也成为汽车的核心要素，且随着汽车智能化的发展，智能座舱、自动（辅助）驾驶芯片、激光雷达、车机和手机互联等也扮演着越来越重要的角色。信息化、数字化的重要性日益凸显，技术竞争的内容和维度远超过去。新的动力和一系列智能化相关技术将重新定义汽车的高性能和高端豪华属性；传统汽车制造厂将面临不可避免的冲击，如何调整以适应新的技术趋势和市场需求不仅决定其发展，甚至还关系到其生存；以特斯拉为代表的"造车新势力"携互联网思维，在产品定义乃至于销售和服务体系方面尽显创新特色，并在近年来取得了惊人的进步，而这一切，都是技术竞争的结果。

新的技术带来了新的机遇。电动汽车经过 100 多年的发展，终于迎来了它真正的黄金时代。那些具有敏锐眼光的人看到了这一点，其中一些人想抓住时代赋予的机会成就一番大业，在实现自我梦想的同时推动产业和社会进步。特斯拉是这样，蔚来是这样，比亚迪、小鹏等也是这样。特斯拉已经走完了它的"长征路"，正在享受其全球行业龙头的荣光与可观的利润。比亚迪在经历了长达 20 年的挣扎后于2023 年迎来了高光时刻，销量大涨，利润丰厚。理想汽车初尝甜头，在中国"造车新势力"中首先实现盈利，且其 2023 年的利润率不低。其他很多企业则还在拼命往前赶，目前难以判断它们何时能够实现盈利。之所以很多企业还没有盈利，原因多种多样，但企业都在进行技术竞赛。在它们看来，短期盈利不等于长期发展，如果急于盈利，可能会输掉长期战争。有人将汽车产业中坚定而长期的技术投入比喻为建设大厦，强调打地基的重要性。

由于智能电动汽车的关键技术远多于燃油汽车，要想取得突破性发展，意味着巨大投资，如芯片、激光雷达、自动（辅助）驾驶、车机和手机互联等领域都需要大量投入；而且周期较长。许多"造车新势力"看到了市场机会，以巨大的决心和魄力进入赛道，但巨额的投入对本来就依靠投资创业的企业而言，是严峻的考验。为了在竞争中处于有利地位甚至争夺主导权，它们不得不进行果决的投资；但有限的资金往往使它们面临经营风险。如何平衡好这二者的关系，考验着每一个新进入者。此外，国际局势的复杂性给供应链带来了不确定性，这也使某些投资看起来不可或缺。

第一节　底盘和空气悬架

底盘是支撑和安装汽车发动机及其各个部件的总成，主要包括传动系统、行驶系统、转向系统和制动系统四个部分，是汽车的基础结构，也是确保汽车能够安全、平稳运行的至关重要的组成部分，是衡量车辆性能和制造水平的重要指标。好的底盘能够提升操控性和舒适度。

一、理想汽车"魔毯空气悬架"

理想汽车为了增加车辆乘坐舒适性，在空气悬架上下了不少功夫。为了提升悬架水平，理想汽车专门自研了空气压缩机支架隔振装置，

并进行了软件控制的策略优化，确保在空气压缩机工作状态下一二排能够有比较好的乘坐体验。同其他一些汽车厂的看法一样，理想汽车也认为，如果只是采用供应商的产品，则无法很好地完成整车 NVH 系统匹配。虽然从道理上来讲供应商应该为整车厂服务，但高端供应商很难为了某个厂家的一个零部件来调整其产品方案。由于要面对的生产厂家很多，即使供应商想这样办，往往也是有心无力。而且，这二者之间的沟通成本和效率会受到很多制约，难以应对当前激烈的竞争。

在对市场上的有关供应商进行分析研究后，理想综合考虑多方面因素，经过认真分析比对，选择了孔辉和保隆两家本土供应商作为合作伙伴，生产空气悬架。此后，为确保产品质量与公司的要求匹配，理想汽车的工程师与供应商有关人员一起，共同设计和建造了专门的生产线。

理想 L7、L8、L9 系列增程式混合动力汽车，基本上采用"单腔空气悬挂+CDC 可变阻尼悬挂+XCU 组合"系统。理想汽车除了深度参与该系统的硬件研发与生产，还更好地适配了有关软件，使底盘的状态不仅有硬件支撑，还可通过软件调节，这也是近年来电动汽车普遍关注和积极推进的"软件定义硬件"的体现。理想汽车这套悬架组合，被业界总结为"被动运动"。

与上述特点相比，理想汽车悬架系统在业内有一个更加让人印象深刻的叫法——"魔毯悬架"。这一叫法比较容易让人记住，营销效果很好。"魔毯悬架"听起来生动、形象，比用专业词汇或者英文及其简称有传播效果。在理想汽车前，有的厂家已经使用了"魔毯空气悬架"，如奔驰 S 级、宝马 7 系以及奥迪 A8 等，但这些车型主要采用摄像头扫描路面再对液压悬挂进行实时调整的技术方案，这是一种主动应对的方案。

有人认为，从硬件上，魔毯空气悬架不过是空气悬架+CDC 的组合，通过 7 个传感器和 19 个信号，对悬架进行调节。摄像头对前方路面的监测数据，并未被魔毯空气悬架调用，在功能上无法实现提前感知、主动预判，而是根据传感器监测，进行"延时"应对[1]。理想汽车整车制造副总裁刘立国则解释，"魔毯只是一个名称"，希望尽量避免不必要的误会与争议。

二、蔚来汽车天行智能底盘系统

蔚来汽车据称从开始造车起就努力践行"软件定义硬件"的技术路线。它是国内比较早开发出人机对话汽车产品的企业，可通过语音对话完成开空调并调节空调温度、播放音乐并调节声音大小、开关车窗并控制开合幅度、开关遮阳帘等指令，此外，还可通过软件对硬件性能进行调整，并数次通过 OTA 改变了底盘形态从而优化了驾乘体验。蔚来最新一代 ES8 采用双腔空气悬架+CDC 组合，目的是实现更加运动化的操控体验。

蔚来虽然在底盘方面一直努力改进与提升，但相当长的时间内影响似乎不是很广。由于一开始就走"软件定义硬件"的道路，蔚来汽车的用户多次经历了通过 ATO 调整车辆硬件状态的体验，不少人对此很赞赏，很多不懂车的人更是感到惊喜，因为这超出了他们认知和预期，变成一种意外的收获。但是，对于部分很了解车辆性能的人而言，这些都显得似乎比较平常，虽然他们也肯定"软件定义硬件"的做法，但调整效果与他们理想中的状态相比仍然有差距。看起来，"软件定义硬件"要想达到较好的效果，也需要时间去积累，通过不断总结并优化软件逐渐提升性能，不可能一蹴而就。

不过，蔚来最新公布的天行智能底盘系统则令其声名远扬，得到了广泛好评。

按照蔚来官方的表述，天行智能底盘系统首次将全主动悬架、线

---

[1] 李文博．魔毯悬架，新的谎话？［EB/OL］．虎嗅．https：//baijiahao.baidu.com/s? id=1774340 413674245421&wfr=spider&for=pc.

控转向、后轮转向合为一体，带来媲美平流层巡航般的平稳驾乘体验，将智能电动汽车时代的底盘技术提升到了新的高度，具体包括：全球首个集成式、液压全主动悬架刚度、阻尼和高度的瞬态调节能力空气弹簧+CDC组合；1毫秒完成信息处理、计算和响应，每秒1000次扭矩调整；车身调节速度达空气弹簧的60倍；6∶1~14∶1超大可变转向比范围调节，低速泊车时，转向比低至6∶1，无须交叉手，操作更便捷；方向盘转向管柱最大可伸缩153毫米，解放传统机械转向对造型和空间的制约；后轮转向过弯调头灵活自如，最大后轮转角8.3度，兼顾低速行驶的操控感和高速驰骋的稳定性，最小转弯直径10.9米，即便车长达5.3米也能轻松一把调头。

这些冷冰冰的数字和技术性表达，很多消费者并不是很懂，媒体和部分专业人士也未必完全明白，与其他悬架和底盘到底有多大差距也不得而知。为了凸显"提升到了新高度"的底盘技术效果，蔚来汽车展示了一段视频：一辆使用了最新技术的试制车，在车头放了四层香槟塔，车辆顶着香槟塔在减速带上行驶了一段距离后，香槟塔，既没有倒塌，也没有溢出。这段视频令人震惊：汽车还能做到这样，简直不可思议！

不光是普通大众看了大为震惊，业界人士也很吃惊。很快，有的车企不服气，宣扬蔚来能做到的，其他汽车也能做到，没什么特别的。也有一些认可蔚来汽车技术水平的热心人士找来豪华汽车做对比的，以验证这一技术是否为蔚来汽车的"独门绝技"。互联网上最早流传的视频是启辰汽车，它叠了两层香槟塔，过减速带时，装香槟的酒杯也没有掉下来，但很快就有人放大了分析并对比与蔚来的视频，发现其车身实际上是有较大晃动的。第二个视频是理想L系列SUV，但没有成功，酒杯纷纷掉落摔碎。第三个视频是奔驰S级，结果与理想汽车一样。就技术层面而言，一般情况下同行都会奋起直追，可以通过人才引进的方式从有经验的车企吸引人才获得一定的技术支持。蔚来作为一家成立不到 10 年的汽车企业，能有如此表现十分不容易、在汽车底盘的发展历史上，蔚来将会留下独特的印记。

2024 年初，蔚来汽车又放出了一段新的关于其天行智能底盘表现的视频，一辆蔚来汽车停放在积满水的地面，两个前轮在不停地高频上下抖动，很明显，车轮的抖动激起了连续不断的放射型水花与水柱，但车身几乎不动，车的前机盖上放置的装了半杯水的水杯，也几乎不动，水杯里的水只产生了微小的波动。

很快，蔚来汽车又展现了过交叉轴、鹅卵石路面等时的第三段相关视频。一般而言，过鹅卵石路面是非常容易造成汽车较大晃动的，因为路面极其不规则，想要通过底盘自调节消除因鹅卵石路面造成的颠簸难度很大。但是，视频显示蔚来汽车做到了。

蔚来汽车这种有计划、逐步释放技术及其效果的方式，应该也是一种传播策略，即通过间歇释放不同内容，保持热度。如果一次性将所有技术说完，一段时间内当然会更加轰动，但热度会很快降低，关注度就会出现较大起伏，在互联网上的流量就会起伏比较大。初步来看，蔚来的这种策略是有效的，网上有人也开始分析和揣测，关于天行智能底盘蔚来的下一个视频会是什么，以及这些技术秀能否真正转化到大规模的交付车辆上。不难预见，当蔚来开始向用户交付其行政旗舰车型 ET9 时，类似的测试也将开始。如果最终的结果达到其视频展示的水准，那对蔚来汽车又将是一次高流量且具有正向影响的传播。那将表明，蔚来在底盘技术上率先站到了世界高峰。

蔚来新一代底盘技术，有两个突出特点：首先是集成，将全主动悬架、线控转向、后轮转向高度集成，其目的是使部件之间的相互响应和协同更加及时、协调。其次是对信息的处理能力，即算力超强，数字化的调控手段能够实现每秒 1000 次扭矩调节，对车身姿态和行驶的平稳性有巨大帮助。

蔚来的天行智能底盘系统，将用于其最新推出的行政旗舰车型

ET9 上，号称是出色的全线控智能底盘系统。需要指出的是，蔚来的最新底盘技术，是其长期投入巨资开展自研的结果，考虑到蔚来汽车在技术上从来都充分考虑不同代际不同型号车辆之间的兼容性，其部分功能有可能被用于旗舰以下的其他车型。

这款车要到 2025 年第一季度才能交付，其真实的表现能不能达到宣称的效果，还有待验证。不管怎么说，蔚来试制车顶着四层香槟塔开行的效果，一定会被行业高度关注，成为各车企新一轮竞赛绕不开的话题。

三、比亚迪云辇

根据比亚迪公司的描述，"云"象征着以智能化技术创造更轻盈平稳的驾乘体验；"辇"出自《魏书》，意为中国古代的帝王座驾"辇"。云辇智能阻尼车身控制系统能够有效抑制车身姿态变化，降低车辆侧翻风险，减少驾乘人员坐姿位移；可以在雪地、泥地等复杂路况下，有效保护车身，避免因地形造成的整车磕碰损伤，提升驾乘舒适感及安全性，实现对人和车的双重保护。比亚迪集团董事长王传福对云辇评价十分高，称其"一方面，改写了车身控制技术依靠国外的历史，填补了国内的技术空白，实现了从 0 到 1 的突破。另一方面，'云辇'超越国外技术水平，一登场就站上了行业领先位置，完成了从 1 到 2 的提升"。

四、小鹏汽车底盘技术

小鹏汽车新一代 G6 采用前后一体式"铝压铸车身工艺+CIB 电池车身"技术。其中一体式铝压铸相比传统工艺，使车辆前后车身分别减少了 95 个和 64 个零件，车身重量减轻了 17%，同时扭转刚性提升了 83%，达到 41600N·m/deg。小鹏汽车新一代 G6 没有传统意义上的排气和传动系统，底盘平整；前后桥都附有树脂材质的下护板，中间部位的电池组有铝合金壳体保护，车底空气动力学也得到了优化。

第二节 零百公里加速时间

零百公里加速时间是指车辆从发动到时速达 100 公里所需要的时间，是车辆动力水平的直接体现。在燃油车时代，零百公里加速时间也是体现汽车性能的核心指标。这一指标与发动机马力直接相关，马力越大，时间越短。但是，受到先天技术条件的限制，燃油车发动机动力要传递到车轮，有一个相对较长的物理过程，有较大的时延，很难将零百公里加速时间压缩到 5 秒以内。

对于燃油汽车而言，采用一般普通发动机的紧凑型轿车零百公里加速时间都在 10 秒左右，装配了 2.0T 的中型轿车零百公里加速时间在 7 秒左右，通过装备高性能发动机并采取特殊气动外形设计使零百公里加速时间小于 4 秒的就属于超级跑车了。对于非超级跑车而言，通过装配涡轮增压发动机，可以获得更强大的动力，从而使燃油汽车的零百公里加速时间可以缩短至 5 秒以内，这样的成绩非常了不起。在燃油车时代，可以比较容易地依据零百公里加速时间，来划分车辆的等级。当然，当零百公里加速时间一致或差不多时，就需要通过外形、内饰等其他条件和因素来对不同车型进行比较。

零百公里加速时间是一个比较理想的数值，需要在一定的路面、温度、车辆状况、轮胎型号和状况、带油量等条件下实现，这些条件一旦发生变化，测得的数值就会不一样。

然而，到了电动汽车时代，由于缺少了发动机和传动轴，动力输出到汽车轮胎的过程十分直接，零百公里加速时间要比燃油汽车快很多。以目前市场上主流的电动机功率水平，轿车的零百公里加速时间做到 5 秒以内的水平很常见，哪怕普通的 20 万元左右使用单电机的轿车也能实现。如果使用双电机，其加速会更快，即使 SUV 车型也能比

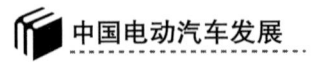

较容易地就做到零百公里加速时间在 5 秒以内。

　　尽管如此，各电动汽车企业仍然十分重视零百公里加速时间，以表明自己产品的性能有多么强劲。

　　电动汽车的零百公里加速时间除了与电动机功率有关，还与车身重量、风阻系数有关。车身越重，其受到的地面摩擦力越大，加速时间越长。风阻系数越大，受到空气的阻力就越大，加速时间就越长。

　　蔚来 2023 款 ES8，官方标定零百公里加速时间为 4.4 秒，实测还要更快一些，作为一款长 5099 毫米、宽 1989 毫米、高 1750 毫米、重达 2425 千克的 SUV，与油车相比它是跑车级别的水平了，比特斯拉 ModelX 100D 还快。

　　小鹏 2023 款 G9 长 4891 毫米、宽 1937 毫米、高 1680、重 2230 千克，其零百公里加速时间为 6.4 秒。虽然其长宽高和车重都比蔚来 2023 款 ES8 小很多，但零百公里加速时间却更慢，主要原因与其使用单电机有关。

　　理想 2023 款 L8 MAX 版本整备重量 2470 千克，长 5080 毫米、宽 1995 毫米、高 1800 毫米，零百公里加速时间约为 5.5 秒。作为一款车身比较大的增程式混合动力电动汽车，这个零百公里加速时间是比较短的。

　　特斯拉 Model S 2023 款 Plaid 版为纯电动汽车，三电机全轮驱动，车长 4970 毫米、宽 1964 毫米、高 1431 毫米，车重 2183 千克，零百公里加速最快时间达到十分惊人的 2.59 秒。

　　小米 SU7，纯电动汽车，零百公里加速时间为 2.78 秒，售价为 21.59 万~29.99 万元。

　　保时捷 2019 款 Taycan Turbo，纯电动汽车，零百公里加速时间为 3.07 秒，售价 149.80 万元。

　　蔚来 ET7，车长 5101 毫米、宽 1987 毫米、高 1509 毫米，换电式纯电动汽车，车重 2349 千克，零百公里加速时间为 3.52 秒，双电机，售价 42.8 万元。

奥迪 RS6 4.0T Avant，燃油汽车，零百公里加速时间为 3.68 秒，售价 145.37 万元。

极氪 001 2021 款 YOU 版，纯电动汽车，双电机，零百公里加速时间为 3.9 秒，售价约 30 万元。

从上述几款车型的零百公里加速时间可见，电动汽车可以用少得多的成本，实现非常短的零百公里加速时间，在该项性能上获得了压倒性的优势。当然，同燃油汽车一样，电动汽车的零百公里加速时间也受到路面、温度、车型、车辆状况、轮胎型号和状况等多种因素的影响。

电动汽车与燃油汽车相比，不太可能用零百公里加速时间来衡量车辆的性能和品质。相反，这个指标主要是受到车型的影响，车身越小，风阻系数越低，车的加速越快，越容易达成降低零百公里加速时间的目的。一辆售价为 20 万元左右的车，就能够做到零百公里加速时间在 3 秒左右。而车身较大的车辆，空间较大，车身较重，体积较大，使用的材料较多，价格也较高，如果需要缩短零百公里加速时间，需要使用双电机甚至更多电机才能达成目的，成本进而进一步增加。越是小型的车辆，越容易实现最快加速。电动汽车时代，豪华车与普通车在零百公里加速时间上拉不开差距这一情况越来越被大众所认知，也越来越被消费者所接受，大众开始不太看重车辆的加速性能了。这就意味着，单纯地以降低零百公里加速时间并不能大幅提升市场影响力。

第三节　风阻系数

汽车在行驶过程中，除了轮胎与地面摩擦产生的摩擦力外，还有车身与空气摩擦产生的阻力。阻力的大小与车的投影面积、车速有关。

有的造型风阻较大，有的则较小。简单理解，表示空气阻力大小与车型之间的关系的数值就是风阻系数。

汽车空气阻力公式为：$F = (1/2) \times p \times S \times Cd \times v^2$。F 表示空气阻力，单位为牛顿（N）；p 表示空气密度，单位为千克/立方米（kg/m^3）；S 表示汽车的横截面积，单位为平方米（m^2）；Cd 表示风阻系数，无单位。其中，空气密度和汽车横截面积是一定的。速度对空气阻力的影响特别大，当速度增加 1 倍时，如不考虑风阻系数的影响，汽车受到的空气阻力将增加 4 倍。电动汽车在高速行驶的过程中，能耗明显上升，就是空气阻力陡然变大造成的。

风阻系数的计算公式为：

风阻系数 = 正面风阻 × 2 ÷（空气密度 × 车头正投面积 × 车速平方）

从这个公式可见，由于空气密度和车头正投面积不变，风阻系数大小主要由速度决定：速度越快，风阻系数越小。

燃油汽车，普遍续航较长且补能方便，消费者一般不关心风阻系数。电动汽车特别是纯电动汽车，续航较短，且在大众心理层面还存在补能设施不足的认知，因此，消费者特别关心续航。而续航与风阻系数有关，如何降低风阻系数成为各车企追求的核心目标之一。风阻系数越低，汽车受到的阻力就越小，续航就越长；风阻系数越大，续航越短。

全球轿车风阻系数较低的知名车型包括小米 SU7（小米官方宣布风阻系数为 0.195 为全球最低）、蔚来 eT7（蔚来官方宣布风阻系数 0.208）等。

正当小米汽车的支持者为其全球最低的汽车风阻系数感到振奋时，争议很快就来了。原因是风阻系数不仅与车辆造型有关，也与速度有关，速度越快，风阻系数越小。这种情况给车企宣传风阻系数留下了选择空间。偏保守的车企，可能会公布较低车速时的风阻系数，以免引起不必要的争议；有的车企，选择性地公布较高时速时的风阻系数，以表明车辆性能优异，不过这样做可能会遭到非议。

网络上公布的又一份关于风阻系数的材料，对风阻系数进行了更多的解读，有的车企或许会为此略显尴尬。这份材料显示的几家车企风阻系数情况如下：

小米 SU7 为 160km/h 0.195cd、昊铂 GT 为 160km/h 0.197cd、银河 E8 为 120km/h 0.199cd、MEGA 为 140km/h 0.215cd、蔚来 ET7 为 120km/h 0.208cd、蔚来 EC7 为 120km/h 0.230cd。

只有在相同速度下，才能看出不同车型之间风阻系数的真实差异。例如，小米 SU7 和昊铂 GT 都是在时速 160 公里条件下测得的相应风阻系数，表明时速 160 公里时小米 SU7 的风阻表现优于昊铂 GT；但与银河 E8 相比，就不得而知，有可能表现不如银河 E8。

据称，目前国内车企的风阻系数基本都是在中国汽车技术研究中心有限公司（以下简称中汽研）的重庆风洞测试获得的，重庆风洞支持 120km/h~160km/h 测试，但是只有在 120km/h 的测试，中汽研会才发证书。客观上讲，采用每小时 120 公里的风阻系数是比较合理的，这是大多数高速公路的最高限速。按照目前的交通规则，车辆在不违章的情况下可以跑到时速 132 公里，如果公布时速 130 公里条件下的风阻系数，虽然不是日常使用场景，也还基本能接受。如果采用时速 140 公里及以上条件下的风阻系数，就没有必要了，因为已经超出了交通规则允许的最高速度，因此失去了意义。如果真如网络资料所言，小米汽车是在时速 160 公里条件下测得的风阻系数，则有可能是其为了追求所谓的第一而故意为之，会在一定程度上影响其美誉度。而且，这种做法也可能成为竞争对手攻击的把柄。吉利银河汽车就在其于 2024 年 1 月 5 日举行的 E8 发布会上，质疑一些车企选择性公布较高时速条件下风阻系数的做法。

对风阻系数的态度，可以从侧面了解不同的车企。关于风阻系数的争议还将持续，有关纯电动汽车厂商还将为此展开技术竞争。越多

的人参与讨论，想取巧的车企越被动。从长期来看，行业风气应能越来越正，车企之间有望采取统一的标准并酌情予以公布或加大宣传力度。随着电池密度的提升，以及补能设施的完善，或许今后人们不会过于关心风阻系数，正如现在没有人关心燃油汽车的风阻系数一样。

第四节　车身扭转刚度

车身扭转刚度指整车车身在受到外力时抵抗弹性形变的能力，是关乎汽车安全性能的重要指标，对车辆的操控性能、防侧倾能力、抗形变能力等都有重要影响。另外，对车辆噪声控制也有作用，如果车身扭转刚度较差，在行驶过程中易出现共振而产生噪声。正因为如此，车身扭转刚度受到消费者的高度关注。那些新成立的汽车制造商为了在激烈的市场竞争中得到消费者的认可以获得一定市场份额，纷纷在这一指标上下功夫。

在已推出的车型中，无论是蔚来、小鹏、理想还是问界，都拿出了不错的车身扭转刚度数据——大多都在 30000N·m/deg 以上。越晚推出的车型，车身扭转刚度数据往往越高。例如，小米于 2024 年推出的第一款车型 SU7，车身扭转刚度为 51000N·m/deg，超过 50000N·m/deg。蔚来将于 2025 年第一季度上市的 ET9 车型，车身扭转刚度高达 52600N·m/deg。

不同的车型，车身扭转刚度数据相差非常大，范围从不到 10000N·m/deg 至超过 50000N·m/deg。随着技术的进步，新的豪华或高端车型的车身扭转刚度可能会进一步提升。

影响车身扭转刚度的因素包括材料质量、技术应用、结构件使用等。一般而言，车身扭转刚度越高的车型，其成本越高，造价更加昂贵。例如，材料方面高强度钢的使用，技术方面一体式压铸的普及等，都有利于提高车身扭转刚度。

但白车身扭转刚度与整车扭转刚度存在差异。上述所查到的数据中，没有严格将二者区分开来。原因在于，一些车企出于宣传需要，可能存在混淆概念的做法。燃油汽车由于没有大体积电池需要保护，结构件使用相对较少，白车身之外的零部件对车身扭转刚度影响不大，白车身扭转刚度与整车扭转刚度在数据上差距不大。电动汽车由于需要保护电池，会采取加强结构等方式，客观上促进了整车扭转刚度的提高。因此，所列参数仅仅作为参考。

第五节　芯片

汽车发展到今天，已经由交通工具演变为兼具娱乐性能的生活场景，而车规级芯片是适应这一新情况的必不可少的零部件。在智能化时代，随着汽车智能化的加速，对芯片的需求在快速增加。正如其他智能产品对芯片的依赖一样，随着汽车向智能化方向演变，其对芯片的依赖将越来越强。汽车芯片之于智能汽车，仿佛大脑之于人，负责处理各类信息并在此基础上对汽车发出各类动作指令；特别是在自动辅助驾驶方面，芯片的作用更加不可或缺。芯片性能越好，计算能力越强，其识别周围事物和环境的能力就越强，发出的指令就越精准、科学、快捷。目前，每生产一辆智能化电动汽车需要芯片120块以上（主要包括负责算力和处理、负责功率转换、负责传感三类）。离开了芯片这一"大脑"，汽车智能化就无从谈起。

汽车芯片分很多种，有的比较简单，有的则比较复杂，如传感器芯片、智能驾驶芯片就是比较复杂的部分。

在智能汽车的各类芯片中，座舱平台与自动辅助驾驶（自动驾驶）芯片是非常关键的芯片，也被认为是最重要的芯片。国际市场上，比较有名的自动辅助驾驶芯片有特斯拉自研的FSD自动辅助驾驶芯片、英特尔Mobileye芯片、高通骁龙系列芯片以及英伟达旗下芯片。

过去几年，高通骁龙系列芯片在智能座舱领域占据着优势地位，高通公司已不断推动车机芯片迭代，很快从 820A 升到了 8155（性能是上一代高通 820A 平台的 3 倍，最高主频可达 2.42GHZ，拥有 8TOPS 超高算力），现在主流为 8295。8295 芯片是高通第四代骁龙汽车数字座舱平台中产品，分为性能级、旗舰级、至尊级三个等级。相比 8155 芯片，8295 芯片在高性能计算、AI 处理方面有很大提升，预集成支持 C-V2X 技术的高通骁龙汽车 5G 平台，支持无缝流媒体传输、OTA 升级和数千兆级上传与下载功能所需的高带宽，制程工艺从 7nm 升级到 5nm，用于 AI 学习的 NPU 算力达到 30TOPS。

目前，市场上最火的是英伟达 Orin 芯片，上汽的 R 和智己，理想 L9，蔚来 ET7，小鹏新一代 P7，威马 M7，比亚迪，沃尔沃 XC90，还有自动驾驶卡车公司智加科技，Robotaxi 等众多明星企业 Cruise、Zoox、滴滴、小马智行、AutoX，软件公司 Momonta，等等，都搭载 Orin 平台进行开发。

这些比较复杂的芯片，大多掌握在欧美国家手中。例如，用于汽车驾驶系统的主控芯片主要由美国高通提供。但是，现在地缘政治比较复杂，面临的不可预知风险提高。一旦芯片被断供，智能电动汽车厂商将无法正常生产，丧失市场机会以及可持续发展能力，面临毁灭性打击。为了今后的发展不受制于人，国内一些厂商开始在资金压力巨大的情况下，开展较复杂芯片的攻坚工作，主要目的是降低可能出现的地缘政治冲突带来的供应链风险。

新能源汽车整车制造企业自研芯片，还有两个方面需要考虑。一方面，提高产品各零部件之间的适配性。如果能够买别人的芯片，相当于其他零部件要去适配芯片，汽车生产商将在一定程度上受制于芯片制造商。虽然一般而言，在充分竞争的市场环境下，芯片制造商也需要处理好与汽车制造商之间的关系，但毕竟不是同一家企业，各有各的考虑，芯片企业也不是只为某一家汽车制造商生产芯片，这必然导致沟通成本高。另一方面，汽车生产商自研芯片，还可以降低芯片采购成本，从而降低整车生产成本，提高整车毛利率，并且有利于提升供应链的稳定性和可靠性。

自研芯片的问题在于，门槛很高，无论是研发还是生产，都需要过硬的技术。而且，如果汽车销量不好，则很难摊销高昂的研发费用，导致芯片成本过高，反而影响整车毛利，进而使市场竞争力降低。如何处理好自研芯片问题，对当下的智能电动汽车企业是一个巨大的考验。

华为是国内汽车芯片自主研发被普遍看好的"顶级玩家"之一，推出了车规级芯片麒麟9610A，也采用车规级5NM工艺制成，性能是高通8155芯片的两倍，与8295持平，具有世界领先水平，能支持L4/L5级智能网联汽车的开发应用。华为在汽车芯片方面的研发当然不会停止，据称其将在一两年内推出9615系列芯片，采用更先进的4NM工艺，使算力提升50%以上，确保处于世界领先地位。

蔚来汽车在2023年10月蔚来科技日上宣布其成功研制出了用于激光雷达传感器的芯片"杨戬"，这是一个重大突破。智能汽车的重要标志是自动辅助驾驶，自动辅助驾驶依赖于各类高感知能力的传感器，而传感器要高效工作必须有高水平的芯片支撑。传感器所看到的东西，必须通过类似于大脑功能的芯片加以计算分析和利用，大脑越聪明，利用就越充分，汽车就越智能。

2023年12月23日，蔚来汽车在其举办的"蔚来日"上还宣布了更重磅的自研芯片成果——用于智能驾驶的芯片神玑NX9031，采用5nm车规工艺，由超过500亿个晶体管组成，业内首次使用32核CPU架构，支持感知、计算、群体智能等超多实时任务大量并行计算，具有每秒65亿像素处理能力，行业首个全AI自动调节参数，大幅提升感知精度，自研推理加速单元NPU，灵活高效运行各类AI算法，功耗超低，拥有双芯片毫米级备份能力。按蔚来自己的说法，与同期业

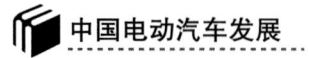

界旗舰相比，神玑性能是 BEV 类的 4.3 倍，是 Transformer 类的 6.5 倍，是 Lidar 点云的 4 倍。

蔚来的成果，在参数层面取得了重大突破，更重要的是，中国在车规级重要芯片领域，开始具有了自主权。如果由于地缘政治方面的原因芯片遭遇断供，至少我们自己有得用。

除了华为与蔚来，国内其他企业也推出了车规级芯片。比如，芯擎科技的首款 7 纳米车规级芯片龙鹰一号，截至 2023 年底，其出货量已达 20 万片，用户包括吉利、一汽、领克等车企品牌。

小鹏汽车也在开展自研芯片，研发队伍超过 200 人，据称目标是开发对标特斯拉 FSD 的大算力自动（辅助）驾驶芯片。

理想汽车已经涉足芯片领域，开始了自研工作，并将于 2024 年推出自研产品。有消息称，理想汽车最晚在 2023 年 4 月时就已针对自研芯片开展了调研工作，并储备了数十人的人才团队，其目标是于 2030 年成为全球领先的人工智能企业，而自研芯片是实现如此宏大愿景的基石。

算力是智能电动汽车的重要标签，也是行业竞争的重要赛道之一。汽车算力越高，处理能力就越强，表现也越智能。但高算力意味着高成本，而汽车要想销量好，成本必须得到控制。因此，尽管算力越高越好，但现实中汽车生产厂家必须十分谨慎地权衡算力与成本之间的关系。

部分汽车芯片算力如下：NVIDIADRIVE Orin，最大算力为 254TOPS；Mobileye EyeQ5，最大算力为 24TOPS；地平线 J5（征程 5），最大算力为 128TOPS；华为昇腾 910，最大算力为 320TOPS；寒武纪思元 370，最大算力为 256TOPS；零跑凌芯 01，最大算力为 4.2TOPS；蔚来天玑，最大算力超过了 1000TOPS。

2023 年底前，已上市部分车企自动辅助驾驶芯片算力中，阿维塔 11 搭载一颗华为 MDC810 芯片，算力为 400TOPS；极狐阿尔法 S 华为

HI 版搭载两颗华为 MDC610 芯片，算力为 400TOPS；哪吒 S 搭载一颗华为 MDC610 芯片，算力为 200TOPS；特斯拉 Model3 搭载两颗特斯拉 FSD 芯片，算力为 144TOPS；蔚来 ET7 搭载四颗英伟达 Orin X 芯片，算力为 1016TOPS；理想 L9、小鹏 G7 和非凡 R7 皆搭载两颗英伟达 Orin X 芯片，算力为 508TOPS。

2024 年初，有人估算国内智能算力规模大概是 50eflops，其中特斯拉、华为等与汽车相关的智能算力在 1~3eflops，据称特斯拉将在两年内将其算力提升至 100eflops。

算力越高，一般来说越好。但在商业话术中，正如其他任何技术一样，算力的多少也会被有意无意地曲解。有人认为，通过搭建多块芯片组合形成的算力，实际上并不能发挥更多相应的作用，因此，芯片不是越多越好，算力也不是越高越好，而是够用就行。为了更多地卖出车，个别车企贬低别人抬高自己，甚至不惜违背基本事实的做法，也时有存在。在极为激烈的竞争中，算力的比拼在所难免。有个别车企一边通过某种方式宣传算力不是越高越好，另一边在拟推出的新车型上搭载比其他车企的车辆更高的算力。

第六节　电池

电池是电动汽车的核心零部件，其续航能力与价格对电动汽车的竞争力具有决定性影响。电池的续航能力越强，越能得到消费者的认可。电池越便宜，越有利于降低电动汽车的制造成本。如何解决电池容量、安全和成本问题是电池生产企业和整车生产企业需要攻克的核心问题之一。由于需求旺盛，且涉及汽车竞争力，近年来电池发展非常迅猛。宁德时代作为全球电池龙头企业，拥有很大的产能，也储备了不少技术，其最新开发的麒麟电池受到社会广泛关注。

整车生产企业对自研电池的考虑，主要包括以下几个方面：首先，电池占电动汽车的成本比例较高，售价较低的纯电动汽车电池成本可能超过50%，甚至高达60%，最低一般也在30%以上。采购电池需要向电池制造商支付一定毛利。如果自研，则可省去这部分毛利，以更好地控制车辆制造成本从而提高竞争力。其次，电池属于电动汽车核心部件，是"三电"系统之一，掌握了电池技术相当于掌握了更多的核心技术，在行业中会更有发言权，在竞争中更加主动。极氪汽车CEO安聪慧就认为，一家智能电动汽车企业，未来想要形成竞争力，电池是核心、最基础的要素。再次，电池可以与自动辅助驾驶时代的电动汽车更好地实现数据等方面的协同，有利于提升整车智能化水平。最后，自研电池可增强抵抗市场风险的能力。2022年，用于车用动力电池的原材料碳酸锂价格一路狂飙，超过60万元/吨，成本更低的磷酸铁锂电池报价上涨超过300%，达到17万元/吨，电池生产商也顺势涨价，动力电池成本的价格上涨使电动汽车生产商不堪重负，不少厂家直截了当地说是为电池生产企业打工。2023年，碳酸锂价格不断下跌，跌破18万元/吨，不及高点的1/3，各车企都大大松了口气。但是，谁也不能保证今后不会涨价，更无法预测市场走向，能够做的是自己掌握主动权。电池紧张的时候，许多车企的董事长不得不求助于电池厂，希望能多给自己供货。因为吃了没有电池的苦头，小鹏汽车动了自研电池的念头，于2022年11月招募了宝马前高级电池工程师组建电池自研团队；可惜后来没有了下文。

宣称自研电池的车企很多，包括蔚来、吉利、长城、长安、岚图、五菱、上汽、广汽埃安、长安和极氪等，还有宝马、大众、福特、丰田、本田等国外品牌。但自研电池投资大，起点高，风险较大。

比亚迪公司是做电池起家的，后来业务拓展到整车制造，其长期以来一直致力于研发提升电池性能，在电池行业具有雄厚的实力，积累了不少技术成果。

2020年，比亚迪推出的刀片电池，名噪一时，在社会上知名度非常高。这款电池采用磷酸铁锂材料，具有较高的热稳定性和化学稳定性，充放电过程中膨胀小，能有效减缓电池衰减，可充放电 3000 次以上，行驶 120 万公里；不仅如此，其体积较小，能量密度较高，具有不怕针刺、耐高温的特点，安全可靠性高。依据海量用户投诉数据和多维质量表现研究体系模型，深度挖掘用户对"三电"系统质量问题的感知和态度，借助用户体验感知解读"三电"系统质量表现。比亚迪公司在重庆的刀片电池工厂投资 100 亿元，年产能 20GW。但比亚迪刀片电池也存在几方面不足之处，包括充电速度较慢、工艺比较复杂导致制造成本较高、结构比较复杂导致维护成本高等。

蔚来汽车虽然是一家创业不到 10 年的公司，也在电池方面下足了功夫。早期，它采用了宁德时代的电池，但自己介入了电池包的研制工作，以更好地适配当时其作为唯一面向 C 端市场提供换电支持的电动汽车的定位。蔚来与合作伙伴一起，先后推出了 70 度三元锂电池包、75 度三元锂和磷酸铁锂混搭的电池包以及 100 度电池包。

由于电池价格占整车价格比例较高，2022 年碳酸锂大涨价导致电池涨价，以及市场波动导致汽车产量普遍下降等因素，蔚来汽车开始考虑自研电池以降低整车成本，从而保持市场竞争力。蔚来自研电池采取了"两条腿走路"的方式：一方面自研，另一方面与第三方合作开发。为此，蔚来专门规划了电池制造工厂，招募了规模不小的电池研发人员。

由于 2023 年的市场大变动，特别是碳酸锂价格大幅下跌，以及汽车行业大降价导致的整车利润下滑，蔚来放弃了自己研发自己生产的想法，对原来的计划进行了较大力度的调整，只保留适当的研发队伍，暂时搁置了雄心勃勃的电池自造计划，改为由第三方代工的方式生产部分电池。

作为前几年寻求电池自研的结果，蔚来于 2023 年底推出了 46105 大圆柱电池。该电池的能量密度达到 292Wh/kg，整包容量达到

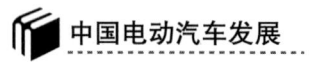

120kWh，前两项指标在行业都处于领先水平，单颗电芯内阻仅为1.5毫欧，能够以超快充倍率达到5C，可实现5分钟高效闪充实现255公里续航。全新的设计以及新技术的应用，在提高能量密度的同时降低了电池体积，为车内空间设计创造了更好的条件。与此前使用的电池包相比，蔚来此次推出的大圆柱电池在厚度上降低了1厘米。这有利于新车型的设计和原有车型的改进。蔚来原来使用的电池包，为了保证一定的电池容量和换电需要，导致ET5车型坐姿稍高，影响了口碑及销量。新的电池包降低了1厘米，配合新的换电站针对多种规格电池包的兼容进行设计。蔚来将找到车辆升级的又一把钥匙，从而提升竞争力。

在与第三方合作方面，蔚来与北京卫蓝公司在全球首次推出了150千瓦的半固态电池，引起了行业轰动。该电池的制造思路是充分吸纳液态电池和固态电池的优点，并尽量避免其缺点。其电解质是一种半固态的物质，而不是像传统液态电池那样完全液体。这种半固态电解质可以提供良好的离子导电性，同时保持高安全性。此外，半固态电池还具有更高的能量密度和更快的充电速度。蔚来半固态电池的能量密度比普通液态电池高30%以上，充电速度也得到了大幅提升。此外，该电池还具有更好的循环寿命和更高的安全性。

半固态电池的主要缺点是制造成本较高，因此价格也较高。高昂的造价无疑会推高整车成本，不利于提高市场占有率，反过来还会阻碍规模化生产带来的成本摊销。如果无法降低生产成本，半固态电池的发展将很难进入大众消费领域。由于拥有规模庞大的换电站系统，蔚来研发长续航半固态电池从目前来看是比较有意义的，即将拥有长续航能力的半固态电池仅以租用的方式投放市场，供短期需要长途旅行的用户租用，用户只需支付一定租金即可。

世界头部纯电动汽车企业特斯拉自研的4680电池，直径46毫米，高度80毫米，能量密度是2170电池的五倍，生产成本下降54%，电

力相比有极耳电池提升了 6 倍，功率输出提升了 6 倍。特斯拉之所以
自研电池，是想要达到制造速度更快，成本更低，并且更加环保的目
的，一旦成功并且大批量生产，对于提高企业竞争力将有莫大好处。
但即使强如特斯拉这样的企业，对电池技术的突破也并非易事，其
4680 电池虽然开始量产，但产能远远满足不了自身需求，还得从宁德
时代等电池生产企业采购大量的电池，用于填补自身产能的不足。与
电池完全自产相比，采取自研加外购组合的企业较多。许多企业还在
等待机会，一旦资金宽裕，应该还要走电池自研自产之路。

第七节 激光雷达

虽然自动辅助驾驶已经被广泛认为是汽车特别是智能电动汽车的
核心竞争力，不少汽车制造企业都对此进行了深度布局和大力投入，
但围绕自动辅助驾驶的技术路线却仍存在较大差异。

在软件层面，主要是软件架构以及相关算法的差异，各家车企结
合自身路线采取不同路径，这往往是车企的技术秘密和核心竞争力，
外人难以完全知悉。

硬件层面的不同则较为明显，容易被消费者和社会感知到。某些
汽车制造企业坚持不使用激光雷达，如特斯拉。特斯拉的理由是，只
需高清摄像头提供的视觉效果就能够满足自动辅助驾驶甚至是今后的
自动驾驶需要。特斯拉在自动辅助驾驶领域不使用激光雷达的做法，
目前看效果不错，也得到了一些汽车企业的认可；或者说鼓励和支持
了部分汽车企业选择不使用激光雷达的技术方案。另一类汽车制造企
业则坚定认为激光雷达是发展自动辅助驾驶不可缺少的硬件装备，理
由是仅依靠视觉难以应对极端恶劣的天气情况以及较远距离的障碍物。
自动辅助驾驶关键是要确保安全，要做到这一点，车辆必须配备看得
清、看得远、看得准的传感器，并能应对大雨、暴雪等极端天气。激

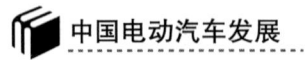

光雷达通过发射激光脉冲接收反射波，并通过测定时间来确定目标物体的距离、形状和速度等，能够提供准确稳定的信息。与其他传感器相比，激光雷达优势明显，能够准确测定车辆与障碍物之间的距离；分辨率高，能够捕捉到更多的障碍物细节；抗干扰能力强，不易受光线及天气因素的影响。另外，激光雷达也能协同配合毫米波雷达、高清摄像头等其他类别的传感器工作，共同构建起相互补充的车辆感知系统。以蔚来为代表的不少国内汽车企业采用了加装激光雷达的技术路线，以期在日益激烈的竞争环境中能够在自动辅助驾驶方面有更出色的表现，为产品加分。

当然，具体到激光雷达，也有性能高低之分。以国内车企普遍采用的禾赛科技 AT128 激光雷达和图达通猎鹰激光雷达为例，从探测距离来看，禾赛 AT128 激光雷达为 200 米，图达通猎鹰激光雷达为 250 米，后者优于前者；从角分辨率来看，禾赛 AT128 激光雷达为 0.1×0.2，图达通猎鹰激光雷达为 0.05×0.05，前者的分辨率仅为后者的 1/8；从扫描频率来看，禾赛科技 AT128 激光雷达高分辨率情况下是 10 赫兹、低分辨率情况下是 20 赫兹，图达通猎鹰激光雷达为 5~30 赫兹，二者各有优势和不足，但由于图达通猎鹰激光雷达分辨率较高，扫描频率的影响不大。总体而言，图达通猎鹰激光雷达的有关性能参数要比禾赛科技 AT128 激光雷达表现得更好。性能好的产品，价格自然也更高。

到底选择什么样的产品，不同的车企有不同的考虑。如果选择高性能的产品，则价格较贵，车辆的成本会增加，导致终端车价更高，受众就会变少，影响车辆销售；好处是在价格相同的情况下可以增强消费者对车辆硬件的信心，从而有利于销售。如果选择性能较低的产品，则车辆成本相应较低，能够以较低的价格出售，受众较多，利于销售产品；但在价格相同的情况下，由于硬件配置较低，不利于推广。

是否需要激光雷达，以及将激光雷达装在什么位置，是个争议比较大的话题。

蔚来汽车坚定地选择了激光雷达路线，并将激光雷达置于车辆前部头顶，体现了蔚来在技术上的执着，以及面对争议的勇气。

电动汽车的鼻祖和龙头特斯拉汽车就没有采用激光雷达技术路线，而是强调纯视觉方案就可以解决问题，这当然也没有影响特斯拉的行业地位。但是，蔚来坚持认为，自动辅助驾驶光靠纯视觉不够，因为视觉有其局限性，不能给自动辅助驾驶带来足够的安全保证。尽管激光雷达上车意味着更复杂的供应链管理和更高的物料成本，并且还要为此开发适配性的高水平芯片，蔚来还是走了一条将激光雷达视为智能电动汽车必备零件的道路。

至于将激光雷达安装到车辆前部头顶的位置，蔚来解释说"只有站得高才能看得远"，以此确保激光雷达能够尽可能看到更多车辆周边的事物从而充分发挥其作用。这种做法，比较颠覆传统，一些人认为其破坏了汽车简洁、美观、大方的造型。但是，蔚来汽车认为为了安全值得这么做。

行业内不少车企后来的选择说明，蔚来对激光雷达的理解和做法是很有道理的。理想、华为问界等汽车都安装了激光雷达，且都置放于与蔚来车载激光雷达相似的位置。越来越多车企选择了激光雷达，将行业的技术竞赛推上了一个新的高度，当然也更加惨烈。

到底是纯视觉就足够了，还是需要多种技术融合相互配合才好，一时难以定论。但简单理解，只要运用得当，采用多种技术可以取长补短，相互印证，从而提高安全性，应当是更好的技术方案。

激光雷达的性能也是比较重要的"战场"。高性能的激光雷达，可更早且更精准识别车辆前行道路上的障碍物，能够为汽车带来关键的感知冗余，提高整车感知能力和智能驾驶的安全性，被许多业内人士认为是当前阶段汽车智能驾驶不可或缺的传感器。蔚来汽车采用的是 300 线图达通激光雷达（成立于 2016 年，截至 2023 年 11 月，其激

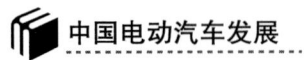

光雷达交付量达 20 万台，其中性能最高的采用 1550 纳米光源，最远探测距离 500 米，超广角可以达到垂直 70 度、水平 120 度），可以为自动辅助驾驶提供足够提前的行为指引，从而让自动辅助驾驶更加高效、更加安全。但图达通 300 线激光雷达也比较昂贵。国内其他品牌如禾赛科技的激光雷达，要便宜一些。公开资料显示，禾赛科技知名度较高的激光雷达，最远探测距离为 250 米，安装于汽车挡风玻璃后的探测距离也达到 225 米左右，已经能够满足一般情况下的需求。对于车企而言，究竟是以较高的成本使用探测距离更远、性能更好的激光雷达，还是以较低的成本使用性能相对低一些的激光雷达，需要进行认真权衡。

第八节　后轮转向

2023 年末，汽车行业的竞争不断创出新高度，新技术的出现与应用加速到来，过去一些用于高端车辆上的技术也被很快"下放"到经济实用车型上，以增强产品竞争力，后轮转向就是其中之一。事前不太声张的小鹏汽车，在推出其首款 MPV X9 时，宣布该产品采用了后轮转向技术。除了优惠的价格以外，这也是小鹏 X9 被经常拿来与理想 MEGA 比较的点，也正是这一点，给人们留下了深刻的印象。此前，普遍预期理想 MEGA 的售价将超过 50 万元，但没有后轮转向；小鹏 X9 带后轮转向，售价却基本上在 40 万元以内。可以说，小鹏 X9 因为后轮转向，带来了很多流量，也带来了不小的市场。

以前，MPV 车型因为车身较大，在城市狭窄道路上转弯调头时往往比较麻烦，一般为商用，很少进入家用市场。但小鹏 X9 的出现，在一定程度上改变了这一认知，通过采用后轮转向技术，可以大大缩小转弯半径，提高通行便利度，从而有机会进入家用市场。而家用市场远远大于商用市场。小鹏 X9 在 3160 毫米轴距条件下，依靠五度后轮转向技术，转弯半径可以做到 5400 毫米。小鹏汽车在 MPV 车型上的思考、决策以及技术研发投入，为汽车行业开辟了新的市场，促进了行业的发展。

作为一款被寄予厚望的 MPV——理想 MEGA 轴距为 3300 毫米，由于没有后轮转向，转弯半径为 6350 毫米，比小鹏 X9 多了将近 1000 毫米。在城市狭窄道路上，多出 1 米的转弯半径意味着会受到更多限制。

蔚来 ET9 作为行政旗舰轿车，轴距达 3250 毫米，甚至比小鹏 MPV 车型 X9 高了 90 毫米，但由于采用了后轮转向技术且后轮转向角达 8.3 度（比小鹏 X9 高 3.3 度），转弯半径为 5450 毫米，仅比小鹏 X9 转弯半径多了 50 毫米。

其他知名品牌汽车转弯半径如下。

宾利飞驰的转弯半径为 5500 毫米。第三代宾利飞驰于 2019 年 6 月 11 日发布，2020 年 2 月 4 日开始交车，首次配备了全轮转向系统，采用最新的动力系统和底盘技术，拥有自适应空气悬架、扭矩矢量分配制动系统、动态驾驶控制系统以及电动助力转向系统等，具有良好的操控体验。

奔驰 S Class 的转弯半径为 5900 毫米，其动力转向系统使用电机提供动力，优点是动力可以调节，并具有可变转向比的功能：车辆低速时，方向盘只需小幅度移动，车轮就会大角度摆动，使车辆更加灵活；即使车辆需要高速转向，车轮摆动的角度仍然很小，提高了车辆的高速稳定性。

奥迪 A8L 车身长度为 5302 毫米，轴距为 3128 毫米，通过智能技术强化底盘，以及标配四轮驱动系统等，拥有比奥迪 A4L 还小的转弯半径，操控更加灵活自如，转弯半径为 5900 毫米。

保时捷 Panamera 车长为 5049 毫米，轴距为 2950 毫米，转弯半径为 5900 毫米。

宝马 i7 车身长 5391 为毫米，轴距为 3215 毫米，转弯半径为 6150 毫米。

劳斯莱斯幻影标准轴距版的车身长为 5770 毫米，轴距为 3552 毫米，转弯半径为 6900 毫米。

小鹏在 MPV 上使用后轮转向技术，提高了操控灵活性，而且是在起售价低于 40 万元的情况下使用这一技术，大大提高了竞争力。蔚来为了在其行政旗舰车型上建立技术优势，巩固高端定位，在轿车上采用了后轮转向技术，目的是确保车辆庄重气派的同时增强其操控灵活性。作为一辆轿车，既提供了较大的空间，同时转弯半径还小，方便操作和日常使用，试图"鱼与熊掌兼得"，在多重约束下追求多种目的中做到最好的权衡。这是技术发展的成果，是技术进步带来的优势，也是车企之间不惜代价竞争的结果。可以预见的是，与其他技术一样，最新的技术虽然优先应用于某个品牌旗舰车型，但因为竞争需要会"下放"给其他车型使用。无论如何，消费者得益，更多的人可以享受到过去高不可攀的顶尖技术。

可以预见的是，蔚来已经立项的 MPV 车型，应该会使用后轮转向技术。一方面，企业已经有了这种技术储备。另一方面，小鹏 X9 的后轮转向技术已取得成功并对行业形成压力。如果比小鹏晚一两年推出的同类型车辆还没有后轮转向技术，对于追求高端品牌价值的蔚来汽车而言，无论如何是说不过去的。退一步来讲，即使其自身没有这项技术储备，也会千方百计去获取。况且，对于供应链十分完整的中国汽车工业而言，一般技术并不存在壁垒：要么可以从供应商那里采购，要么支付一定专利费用从主机厂购买。即使某项技术为某主机厂所独有，而出于竞争该主机厂又不愿意出售，也会被其他主机厂或者供应商通过各种手段在一两年内开发出来，唯一需要衡量的只是投入成本。

第九节　自动辅助驾驶

自动辅助驾驶，即车辆在有人驾驶的情况下，通过自身所装备的传感系统，与环境进行交互，实现自动加速、自动减速、自动变道、自动刹停、自动超车等功能，能够在很大程度上帮助车辆驾驶人员降低双手、双脚疲劳以及舒缓紧绷的神经。

自动辅助驾驶是新能源汽车的重要赛道，也是未来汽车产业竞争的高地。尽管有人对此半信半疑，有人对此嗤之以鼻，但其来势不可阻挡。事实证明，能够解放人们双手和头脑的东西，会取得很快的发展。汽车也一样。过去开汽车，手要紧握方向盘，脚要么踩着油门要么踩着刹车几乎一刻不能停，眼睛正视前方，注意力高度集中，否则容易出现交通事故。随着自动辅助驾驶的兴起，驾驶车辆时手、脚、眼都得到了一定程度的解放，神经也不用那么紧张。当很多人还在对汽车自动辅助驾驶持怀疑态度时，敢于尝鲜的那部分人已经切身体会到了其好处。很多汽车厂商也认识到了这一点，在产品开发时特别强调自动辅助驾驶能力。现在，中国几家知名的造车新势力企业，其产品已经能够在高速公路上实现水平比较高的自动辅助驾驶：车辆可以自动跟车、自动加速或者减速、自动变道超车、自动根据高速公路限速调整行驶速度、自动驶入或者使出匝道；在这个过程中，车辆驾驶者双手和双脚几乎得到了完全的解放，轻松了很多。

自动辅助驾驶是汽车进入新阶段的重要标志，更是具有划时代意义的崭新符号。自动辅助驾驶的目标是自动驾驶，但是在法律法规正式出台前，还只能叫自动辅助驾驶。当然，就现阶段而言，即使法律法规允许，自动辅助驾驶的能力还不完美。

自动辅助驾驶需要有一套相应的硬件系统，如高清摄像头、毫米波雷达甚至激光雷达等，以及与这些传感系统联系在一起的处理器，

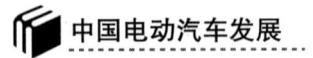

还需要无数各种各样的线路将这些器件连接起来，并且需要电力来驱动工作。这套系统类似于人类的四肢、脑袋、神经系统以及血液。神经系统发挥信息联系作用，血液提供了动力。例如，我们在奔跑的过程中，看到前方有障碍物时，绕过它；在我们前边有谁跑得慢了，影响我们尽快到达目的地时，超过他。当我们在做出这些选择时，表面看起来是自然而然的，而且也是瞬间完成的，感觉似乎没有在这上面花多少功夫或精力。实际上，我们在处理这些信息时，时间非常快，消耗也很低，让我们感觉不到而已。具有自动辅助驾驶功能的车辆也可以做到这样，但需要一套包含众多零部件的系统，并需要电力进行驱动。

人类的幸运在于天生拥有一个敏捷而低消耗的头脑。但这并不意味着我们不消耗，我们的计算速度也并非总是那么快。回想一下，我们遇到数学难题时，是什么表现呢？绞尽脑汁、冥思苦想。我们花了一上午的时间，有时候可能攻克了，有时候却没这么幸运——题没做出来。但是有一点，我们可能会感到比平时更加饥饿。怎么回事？我们并没有尽情奔跑或者不停做家务，为什么会感到更加饥饿呢？因为我们的大脑进行了高强度的计算，消耗了能量，让我们感到更加饥饿。

汽车依靠相应的系统完成自动辅助驾驶工作，类似于人做出的选择，实际上是一种智能行为。与此前汽车所具备的一些智能行为相比，是一种更加高级、更加复杂、代表更高水平的智能行为。

当然，仅仅拥有一套硬件系统是不够的。汽车要完成智能驾驶任务，还需要一套软件系统参与工作，这套软件系统负责处理硬件系统接收到的信息。怎么去分析处理这些信息，就是软件系统的工作。信息是否识别得足够精准、处理得是否足够快，都决定着自动辅助驾驶的水平。

对于先锋用户而言，自动辅助驾驶是新能源汽车的灵魂。不少人认为自动辅助驾驶还不值得信任，可有可无。但是，对于车企而言，尤其是"造车新势力"企业，它们已经将自动辅助驾驶视为电动汽车的核心竞争力，有的暗暗较劲，有的则掀起了火药味很浓的商业舆论战争。

推出什么样的自动辅助驾驶，企业之间存在争议，或者说在取舍上有所不同。

小鹏一直将自动辅助驾驶头部企业的标签紧紧贴在自己身上，一直坚持注重资源投入。社会上也普遍认为小鹏是自动辅助驾驶头部企业，处于第一梯队。

但是，当2023年国庆期间华为发布新 M7 时，事情起了变化。华为公司也高度重视并重金投入自动辅助驾驶，借助其强大的社会影响力，华为着重强调了新车的自动辅助驾驶功能。华为的发布会，让新能源电动汽车更加快速地转变了社会大众的认知并得到了大众的认可，也让自动辅助驾驶得到了更广泛的传播。

由于关系到生命安全，人们对自动辅助驾驶技术极为敏感，车企必须万分谨慎才对。即使光芒万丈的特斯拉，出了自动辅助驾驶事故后都遭到了巨大的非议与质疑，国内车企可能除了华为能够扛得住舆论压力，其他企业都会面临十分巨大的信心危机，严重的会影响企业生存。在社会大众普遍不信任自动辅助驾驶的情况下，车企越谨慎越好。

第十节　安全测试

安全测试是汽车产品质量合格的要求之一，但不同国家和地区对安全测试的标准不一。公认最严苛的安全测试为 EURO NCAP，2023 年版的 EURO NCAP 比以前更加严格（见表7-1）。欧洲是全球重要的汽车市场，汽车要想在欧洲卖得好，必须经过其苛刻的安全测试。

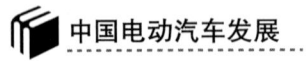

表7-1　EURO NCAP 官网列出的 2023 年新能源汽车安全测试成绩总分排行

单位：%

车型	评级	成人乘员保护	儿童乘员保护	道路弱势使用者	安全辅助
蔚来 ET5	五星	96	85	83	81
大众 ID7	五星	95	88	83	80
	五星	90	86	84	85
蔚来 ES7	五星	93	85	80	79
比亚迪海豚	五星	89	87	85	79
奔驰 EQE SUV	五星	87	90	80	85
雷克萨斯 RZ	五星	87	87	84	81
比亚迪海豹	五星	89	87	82	76
比亚迪海豹 U	五星	90	86	83	77
宝马 5 系	五星	89	85	86	78
小鹏 P7	五星	87	81	81	78
	五星	84	88	76	83
比亚迪唐	五星	87	87	80	73

　　毫无疑问，上榜并名列前茅的车企，其车身安全系数较高，也有利于其市场推广。

第十一节　车手互联

　　制造手机的企业进入汽车行业，以及制造汽车的企业制造手机，表面上性质一样，但二者得到的评价却不同。尽管普遍认为造车比造手机面临更大的供应链挑战和资金需求，但华为、小米进入汽车制造行业，并未引起太多争议。

　　国内手机行业龙头企业华为已经进入汽车领域相当一段时间了，其到目前为止的战略主要是与传统汽车制造厂商合作，以自身强大的研发能力攻关汽车相关技术并用以赋能其他品牌汽车。但是，假以时日，不排除华为公司将彻底进入汽车领域，在本就竞争激烈的汽车市场投入重磅炸弹并掀起巨浪。

小米汽车是又一家明确表示进入汽车领域的手机巨头，其于2021年3月正式宣布进入汽车制造领域。此后，小米造车的进展一直被提及。2023年12月28日，小米举行了有关其汽车的发布会，不过重点是科技内容，而非产品价格。发布会那天，小米汽车一直强调"生态造车"，舆论的热度很高，但质疑并不多。人们一直期待，小米到底能造出一款什么样的车。特别是在蔚来汽车发布了其充满最新科技应用的行政旗舰车型ET9的情况下，只聊科技的小米能够推出什么开创性甚至颠覆性技术？这些颠覆性技术会来自车手互联吗？但华为也做了车手互联了，甚至资金并不那么雄厚的蔚来也因为车手互联推出了手机。小米在汽车上的颠覆性技术会来自小米家电，还是其他某个方面？这些尚不是很明确。除了芯片、操作系统、底盘以及补能技术这些作为智能电动汽车的核心技术外，如果其他应用层面的创新体验可以做得很炫很酷，但不够重磅，也很难轰动。小米不缺钱，也不缺决心，据称其研发一款车耗资100亿元。但小米总还需要时间。在现有知识产权保护体系下，后来者在研发方面要想赶上甚至超越，意味着一般情况下不仅要花钱，而且要花更多的时间。虽然技术研发有后发优势和偶然性，但总体而言"该走的路还得走"。

不过，就算小米在汽车领域的核心科技方面暂时无法匹敌华为、蔚来，但并不会影响它的热度。作为拥有巨大支持群体的手机企业，小米无论做什么看起来都不会缺乏热度。都是从手机领域进入汽车制造行业，但与华为不同的是，小米选择直接造车，而不是向其他车企输出技术成果。汽车供应链被认为比手机更加复杂，学习成本更高，小米能比华为更快取得成功吗？这是当前比较大的疑问。

2015年，苹果董事会成员Mickey Drexler首次确认了苹果造车项目的存在。2016年，埃隆·马斯克说苹果确实有造车项目——Project

Titan。最新消息则认为，苹果公司可能会在 2026 年正式推出其汽车。国内汽车行业的很多人士认为苹果公司必然会涉足造车业务，然而出人意料的是，苹果于 2024 年一季度宣布放弃造车业务，转而聚焦于 AI 领域。

汽车企业制造手机则遭到了较大的非议，这可能与部分推出手机的汽车公司还没怎么赚钱有关。蔚来汽车在 2022 年公开了自己的手机计划后，立即引起了很大的非议。质疑主要是两点：汽车企业没有必要造手机，如果需要提升用户体验，与手机厂商合作即可；造手机将会拖累主营业务，影响汽车制造和营销。尽管如此，蔚来还是坚定不移地往前走，并在 2023 年正式向市场推出了 3 款手机，价格从低到高分别为 6499 元、6899 元和 7499 元。这个价格并不便宜，但与高端品牌比，配置相对较高的情况下价格相对较低。蔚来一再强调，其手机仅面向其汽车用户，不面向大众市场。由于不预装广告，用起来很流畅，待机时间很长。不少车主买了蔚来推出的手机作为备用机，其中不少人还转为了主力机使用。此外，部分非蔚来车主也买了该手机，大约占销量的 5%。虽然反响不错，但蔚来造手机的事还是争议不断，其董事长李斌不得不强调，造手机的对与错得过几年再下结论。

这种非议，或许在所难免。事实上，在国外手机品牌如日中天的时代，华为、小米等新进入的创业者也没少受到质疑。世界的景象仿佛是，一边为那些从巨人阴影下走出来功成名就的企业鼓掌与欢呼，一边质疑后来者为何自不量力。苹果、特斯拉等，都是从当时产业巨无霸纵横全球的背景下成长起来的，并成为新的巨无霸。对此，蔚来汽车董事长李斌仿佛很有信心："这个世界从来都是年轻的公司逐步成为市场的主流，不可能永远都是一成不变的，中国企业中国品牌有机会借助这一次产业变革，获得全球用户认可，这些说明，只要把事情做好了，专业人士会认可，逐步也会被更多普通人认可，所以需要决心和耐心，这个过程还是专注把产品做好，把技术创新落地。"

　　不过，尽管非议存在并将一直存在，越来越多的人开始理解李斌了，小米汽车技术发布会后尤其如此。小米汽车用足篇幅尽情描绘"人车家全生态"，其主要内容实际上是汽车和手机互联互通，体现智能特色，不难想象，未来的汽车，与手机连接将近乎成为标配，那些暂时不做手机的汽车企业早晚还得打通汽车与手机的联系。一个参加了小米发布会的蔚来用户表示："小米发布车手互联的内容时，作为一个使用蔚来手机的蔚来车主觉得太平常了。"有人开始惊叹，说还是李斌有前瞻性，有战略眼光。有人甚至说，当初错怪了李斌，现在看来蔚来做手机不是进攻，而是防守，是不得已而为之，如果不早点着手，面对小米等手机厂造车时，不仅会十分被动，甚至会在竞争中被淘汰出局。

　　时间，会让人变得更加成熟、更加深邃。

　　车手互联有三种模式，目前主流为两种。第一种是汽车制造企业自己做手机，包括吉利汽车和蔚来汽车。第二种是手机制造商涉足汽车制造领域，包括华为和小米。在车手互联方面做得比较好的主要是华为鸿蒙 4.0、吉利系的 Flyme Auto、蔚来 NIO SkyUI 以及正在推出的小米澎湃 OS。至于第三种模式，因为要跨实体之间进行沟通、协调与配合，将面临不小的障碍与困难，主动权不掌握在自己手里，成本和风险不可控。无论哪一种模式，其目的都在于让汽车与手机有更好的互联互通，增强用户黏性，提高用户忠诚度，提高市场影响力。归根结底，都是在做一种生态，要么利用自身优势，要么建立能力提升竞争力。没有一定的生态作为支撑，在现有的法律法规下，将在今后的智能汽车竞赛中处于被动地位。

　　车企与手机厂商合作推出适配的手机，也能实现汽车与手机的互联功能，而且功能也不会太少，正如蔚来一开始就做的那样。但是，弊端也是显而易见的，例如联系不够顺畅、更新不够及时、有问题需

要解决时沟通效率不高、客户资料流转衔接存在障碍、互联难度高等。在智能化的初期阶段，在汽车与手机普遍不联系或者联系不紧密时，汽车厂与手机企业合作问题不大，这时候的竞争还主要是汽车机械性能的竞争。但是，在汽车智能化时代，车手互联将成为核心竞争力之一，手机厂商如果补好汽车制造这一课，将体现出较强的竞争力，至少不落下风；汽车厂商也如此。如果蔚来的手机通过几年的时间，能够自负盈亏，或者作为促销手段推动车辆销售，那么，其将成为公司竞争版图上的一块重要拼图，以及一个成功的商业案例，并被行业效仿。

第十二节　增程式混合动力汽车前景

人们对增程式混合动力汽车有不同的看法；有人认为它是汽车电动化的完美方案，解决了有些情况下充不了电的问题。有人认为多此一举，直接发展纯电动汽车即可；也有人认为它只是一种过渡。实践是检验真理的唯一标准，不妨看看那些增程式混合动力汽车用户是怎么看待这个问题的。一位网友的看法比较有代表性，他说："开越久的增程，就越觉得没必要，因为纯电模式下的表现太好，以至于发动机一启动，前后驾驶感受差异明显。我大概明白为什么理想车主90%以上都是靠纯电了。发动机的主要作用不是发电，而是心魔的解药。"这是很形象的说法。战胜心魔者胜，可是人很难战胜心魔。一旦被心魔掌控，纵然有人告诉你，纯电动汽车完全满足使用需求，增程式混合动力汽车真的没必要，多数情况下你可能还是不会相信，与心魔的博弈大体上会输。只有经过亲身实践后，很多人才会驱走心魔。

不少增程式混合动力汽车车主认为其必要性并不像当初认为的那么大，表示下次买车时将购买纯电动汽车。随着第一代增程式混合动力汽车车主开始换车，汽车市场就会起变化。这些人会多少影响社会的判断，总有那么一部分人会听取别人的建议，会改变自己的看法；

更重要的是这些亲身实践者在购买下一辆车时，许多人将不再考虑增程式混合动力汽车了。这就意味着，就社会整体而言，在与充电难"心魔"做斗争的过程中，支持纯电的人会逐渐增多，而支持增程的人会不断变少。因此，那些刚刚享受到增程式混合动力汽车巨大红利的企业也开始制造纯电动汽车了。理想汽车在 2023 年 6 月就宣布要于 2024 年推出 MPV Mega 以及 3 款纯电动汽车 M7、M8、M9。在增程式混合动力汽车异常红火而纯电动汽车比较艰难的 2023 年，理想做出了如此举动，局外人很难理解，但它一定是看到了什么。

2023 年，在中国"造车新势力""中原"本处于领先地位的蔚来汽车，受到增程式混合动力汽车大踏步前进的冲击等原因陷入低迷，曾经有不少人劝其抓紧上马增程式混合动力汽车，以平衡纯电动汽车这个阶段的市场低迷。但这样的建议被蔚来汽车董事长李斌拒绝了。他的理由主要有两个：一是在汽车动力电池价格大幅降价的情况下，做增程式混合动力汽车已经没有成本优势；二是纯电动汽车将在 2024~2025 年迎来爆发。这种判断是否成立，目前难以确定，时间很快会给出答案。

对于增程式混合动力汽车车主而言，他们将面临一个无论如何选择都会有所损失的困境：如果选择加油，且不说燃烧汽油发电要污染空气付出环境代价，还需要支付昂贵得多的能源成本；如果选择充电，则要面对时间更长且频率更高的补能体验，以及电池衰减的困扰。当初看似完美的可油可电的选择，现在成了一些人难以抹去的心病。这种无论如何选择都会带来损失的苦恼，会改变一些人、劝退一些人。

华为在 2023 年末发布了 M9 纯电版本，这个信号已经足够明显：不仅是理想，向来十分重视市场风向的华为也不得不推出纯电动汽车了，它们肯定也看到了新的趋势，而且这个趋势近在眼前，否则，以它们的精明和号召力，根本不用担心。

纯电动汽车的发展或许没有李斌预想的那么乐观。观念的改变需要一个过程，有时候是个漫长的过程；对增程式混合动力汽车的心魔

或者说执念也一样。不少人即使买了增程式混合动力汽车也不会改变，反而可能会强化他们早前的看法。纵然有人感受到了使用增程式混合动力汽车的诸多问题与不便，但他们会通过肯定来证明自己当初的决定是多么明智、多么合理。总体而言，增程式混合动力汽车向纯电动汽车转变的过程不会太长，增程式混合动力汽车的热度应该在 2025 年达到顶峰，此后逐渐下降。这样的推动力主要来自于首批增程式混合动力汽车的使用者逐渐进入他们的换车周期，他们的选择具有引导作用。

第十三节　V2G

V2G 即 Vehicle-to-Grid（车辆到电网），又称双向逆变式充电技术，即电动汽车不仅可以从电网获取电力，还可以将车载电池中的电力反馈到电网中。电动汽车就是巨大的电力海绵，V2G 技术的应用，可实现电动汽车的分布式移动储能单元功能，在用电低谷时充电，在用电高峰时向外放电，从而实现绿色能源消纳，减少对外部环境的影响，同时也可以为电动汽车车主提供一定的经济回报。单一车辆所带电力有限，也不可能随时随地都能够向电网充电，但是，如果将社会车辆看作一个整体，电量就非常大，即使其中只有一部分，如 50% 的电动汽车参与向电网充电，就能够将巨量电力送上电网，解决很多问题。按有关部门公布的数据，我国机动车保有量超过 4 亿辆，假设将来某一天电动汽车的保有量达到一半（约 2 亿辆），其中大约 0.5 亿辆参与向电网充电，每辆车可以释放 30 度电，则每天可向电网输送 15 亿度电，每年可输送 5475 亿度电，相当于约 50 座 120 万千瓦的火电厂连续不断发电的效果。这对于充分应用电力、合理使用峰谷电、降低电价、提高全社会用电保障水平、降低碳排放、促进环境保护等都具有十分重要的意义。

V2G 技术代表着未来交通和能源领域的融合，是技术与环境和谐共生的典范。2023 年 12 月 13 日，国家发展改革委、国家能源局、工业和信息化部、市场监督管理总局等部门下发了《加强新能源汽车与电网融合互动的实施意见》，明确提出了车网互动的中长期发展目标，并鼓励全面推进有序充电应用和 V2G 模式示范，主要内容包括：力争参与试点示范的城市 2025 年全年充电电量 60% 以上集中在低谷时段、私人充电桩充电电量 80% 以上集中在低谷时段，新能源汽车作为移动式电化学储能资源的潜力通过试点示范得到初步验证；强化试点示范，国家能源局牵头开展车网互动试点示范工作，初步在长三角、珠三角、京津冀鲁、川渝等条件相对成熟的地区开展车网互动规模化试点示范，力争 2025 年底前建成 5 个以上示范城市以及 50 个以上双向充放电示范项目，支持示范城市和示范项目积极开展商业合作和服务模式创新，形成可复制、可推广的建设经验。

2024 年 1 月 9 日，蔚来汽车积极响应国家号召，在上海市的首批 10 座 V2G 目的地充电站正式投入运营（见图 7-1）。除了在园区、办公楼宇、商场等典型场景探索有序充放电模式外，蔚来与上海电网携手在奉贤区率先试点了居住社区的有序充放电，在为用户提供便捷加电体验的同时，有效帮助消纳清洁能源。

蔚来 V2G 目充站	V2G 充电桩数量
蔚来 V2G 目充站｜上海南翔交付中心	2
蔚来 V2G 目充站｜上海臻逸恒丰服务式公寓	2
蔚来 V2G 目充站｜上海国网奉贤电力丽水湾	2
蔚来 V2G 目充站｜国家会展中心（上海）	1
蔚来 V2G 目充站｜上海中兴研发大楼	3
蔚来 V2G 目充站｜上海中信泰富万达广场	3
蔚来 V2G 目充站｜上海松江印象城	3
蔚来 V2G 目充站｜上海兴业太古汇蔚来中心	7
蔚来 V2G 目充站｜上海汽车创新港	7
蔚来 V2G 目充站｜上海空间电源研究所	6

图 7-1　蔚来汽车在上海市的首批 10 个 V2G 充电站

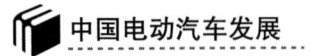

V2G 技术的发展与应用,对于推广普及电动汽车具有重要作用,对纯电动汽车尤其如此。由于纯电动汽车携带的电池容量较大,能够向电网输送更多电力,用户所能获得的收益相对更大。插电式混合动力汽车和增程式混合动力汽车,由于携带电池较小,向电网输送电力的操作空间较小,所获得的收益也更小。

蔚来汽车于 2024 年在上海市安装了 10 个 V2G 试点站后,一名车主立即去体验了一番。该车主在私人充电桩利用谷段电价(最便宜)时段为车辆充电,每度电为 0.33 元。然后他来到兴业太古汇蔚来 V2G 试点站,将谷电时段充入车辆的电在 17 点到 21 点反向卖给电网,每度电可以获得蔚来公司给的 11 积分,相当于 1.1 元,扣除充电成本 0.33 元,每度电可获得 0.77 元的收益。试点充电桩功率为 20 度/小时,两个小时可放电 40 度,收益可达约 30 元。两个小时的时间,可以逛逛商场,也可以跑跑步等适当锻炼,向电网充电与做别的事情两不耽误。对于个人而言,获得了额外的一笔收入;对于电网而言,可以在谷段更好地消纳电力,在峰段获得电力补充,有利于电网安全;对于社会而言,可以减少发电量从而减少排放。可谓一举多得。如果是 V2G 充电桩进入家庭充电桩市场,则可以进一步发挥巨大作用:可以充分利用晚上谷段时间充电,白天不用车时原地反向向电网输送电力并获得一定收益,不用费心费力跑充电站,能够输送的电力更多,收益也更大。40 度电可以满足好几个家庭一天的用电需求。如果响应的用户多,汇集起来,更是一股巨大的调节电网峰谷的力量。

第十四节　电压及充电桩

我国电动汽车市场目前竞争十分激烈,各汽车厂商之间陷入了一场高强度的"内卷",其中"卷技术"是重要的内容。汽车企业开展技术创新,是再正常不过的,但近年来各车企之间在技术竞赛上的强度实在太罕见了。

以车辆平台的电压和充电桩为例，2023 年就很"炸裂"。当市场上主要还在使用 120 千瓦充电桩时，蔚来宣布于 2023 年 4 月 17 日正式上线 500 千瓦超快充电桩，这样的超快充桩峰值充电功率为 500 千瓦，最大充电电流 660A，从 10% 电量充到 80%，400V 车型仅需 12 分钟（理论上讲可在 12 分钟内将容量为 100 千瓦的车载电池从 0 开始充满电）。这样的充电功率，相较于过去已经有了突飞猛进的进步。但显然，各汽车厂家并不满足于此，多家汽车企业都在默默研发，努力推出充电功率尽可能高、充电速度尽可能快的充电桩，以解决电动汽车充电速度慢的问题，为自己汽车品牌加持，提升公司的影响力。

在蔚来上线超快充电桩 3 个多月后，理想汽车推出的超快充电桩在峰值充电功率、峰值电流等部分指标上胜过蔚来。2023 年 6 月 17 日，理想汽车在其举办的家庭科技日上发布了 5C 充电桩以及 800V 平台。很快，2023 年 7 月 30 日，理想汽车宣布了其最新充电桩建设计划，明确到 2023 年底建成 300 座 5C 超快充电站（配备 1 个 5C 充电桩和 3 个 2C 充电桩），其 5C 充电桩的峰值充电功率为 525 千瓦，峰值电流超 700A，峰值电压达到 1000V，为其商务用车进行充电时从 6% 到 80% 仅需要 11 分钟左右，充电车线径为 26 毫米，重量为 3.3 千克。

对于最新的充电桩技术，有关方面进行了广泛宣传，并引起了广泛讨论。讨论的焦点在于，基于 800V 平台的电动汽车，在 5C 充电桩的支持下，是否解决了充电慢的问题。

很多人认为基本上解决了电动汽车充电慢问题，主要理由是如果从 20% 电量充到 80% 电量只需要 10 分钟左右，能够满足绝大多数使用场景的需求，时间又足够快。

也有很多人不认可这种说法，理由是光解决了车辆电压平台和充电桩功率显然不够，要实现理想的充电功率还需要电网有足够的容量支撑，而电网的改造涉及国家层面的重大决策，且投资巨大，绝非短

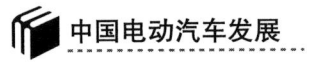

期内能够解决的，而长期则面临很大的不确定性。

无论怎么说，理想的 800V 平台和 5C 充电桩着实火了好一阵子。然而，华为于 2023 年国庆期间宣传的 600 千瓦"液冷超充"掀起了更大的热浪。人们没太记住 600 千瓦的峰值充电功率，但一下记住了"一秒钟补能一公里"的宣传用语。华为推出的充电桩，峰值功率为 600kW，峰值电流为 600A，单纯从数字看峰值功率比理想高 75kW，峰值电流比理想低 100A，各有千秋，但华为在国人心中"全村的希望"的科技英雄形象以及"一秒钟补能一公里"的形象表述，影响面和传播范围都要更加广泛。

关于 800V 平台，小鹏汽车率先用上了。而其他车企，大多规划在 2024 年投放基于此平台的产品。在宣传的推波助澜下，800V 也成了关键的技术竞争锚点，至少在舆论场是这样。

与其他部分车企尤其是头部"造车新势力"相比，理想汽车在充电基础设施的建设上起步较晚，但也引人关注。理想公司曾于 2023 年拟在全国建成 300 座 5C 超快充电站，前期执行得并不是很顺利，但后程发力，顺利完成了 2023 年的任务，让其用户和支持者感到振奋。车企之所以自己建设充电桩，除了在用电高峰可以为车主"开小灶"、便利补能，也有利于提供减免充电费用等优惠措施促销，是增强企业竞争力的重要途径。

当众人以为 2023 年的充电桩竞赛和电压平台竞争将在华为的大声量中暂时告一段落的时候，蔚来汽车在 2023 年 12 月 23 日举办的"蔚来日"上，在宣布一系列堪称中国汽车技术划时代的成果后，又给了人们一个惊喜：该公司将推出 925V 平台的车型，以及新一代高功率充电桩。蔚来新一代全液冷超快充电桩的最高功率为 640kW，比华为的高了 40kW，比理想的高了 115kW；最大输出电流为 765A，比华为的高 165A，比理想的高 65A（见表 7-2）；最大输出电压为 1000V，与理想一样；充电枪线重 2.4 千克，比理想轻 0.9 千克。蔚来年底发布的新一代全液冷超快充桩与其年初发布的相比，再次大大拔高了充电桩的水平，也表明这家以换电著称的纯电动汽车企业也不愿在充电桩上落伍，而是致力于可充可换可升级的全面提升。

表7-2　各汽车制造企业充电桩数据一览

企业名称	充电桩名称	推出时间	充电桩峰值功率	充电桩峰值电流	充电枪重量
蔚来	超快充桩	2023年4月	500kW	660A	
理想		2023年6月	525kW	700A	3.3kg
华为	液冷超充桩	2023年10月	600kW	600A	
蔚来	全液冷超快充桩	2023年12月	640kW	765A	2.4kg

车企当然不仅仅是在充电桩技术上展开了激烈的"迭代竞赛"，更是身体力行地布局和安装充电桩等补能设施。在这方面，蔚来于2023年12月23日宣称其不仅为目前拥有最高技术水准的充电桩（640千瓦的峰值充电功率和765A的峰值电流都为世界第一），也是建设充电桩最多的车企（截至2023年12月23日，建设了3579座充电站，20964根充电桩）。此外，蔚来也大力铺设换电站，已在国内及欧洲建设了超过2400座换电站。2023年初，蔚来宣布要在2023年内新增1000座换电站，很多人都不太相信。建设换电站不仅需要巨额投资，还包括寻找地块、办理审批手续等事项，十分复杂。但是，到2023年10月22日，其年内的第1000座换电站在西安自然博物馆落成，成功实现了一年内新增1000站的目标，大约相当于过去5年建站总量的70%。蔚来在电动汽车的补能基础设施建设上仍不放松，拟在2024年新建1000座换电站、新建20000根超充桩，使换电站和超充桩的总量分别达到3300座以上和4万根以上。

截至2023年11月，特斯拉在中国拥有1800座以上超充站，11000根以上充电桩；小鹏汽车拥有1000座以上超充站；极氪汽车拥有400座以上充电站；理想汽车宣布2023年将建成300座充电站。在

已经拥有特来电、星星充电等多家第三方充电品牌的情况下，各家车企都将建设充电设施作为竞争力的一部分，加大了在这方面的投入力度。

第十五节　汽车操作系统

智能时代，中国经济一度的短板是"缺芯少魂"；"芯"指芯片，"魂"指操作系统。近年来，地缘政治面临诸多不确定风险且复杂多变，我国政府和不少企业都意识到了这一点，并开启了艰难的攻关道路。

最晚于2018年，华为公司就开始了关于汽车操作系统的研究，其目的是基于自身在通信行业积累的技术优势，打通汽车和公路上一切事物的联系，实现交通领域人工智能的突破，其中关键环节就是要建立一个可以囊括这一切的操作系统。这一思路的结果是，其原本为手机行业所熟知的鸿蒙系统逐渐被拓展到汽车领域。作为华为投入巨资研发的鸿蒙OS，目前已经覆盖智能手机、可穿戴设备、智慧屏以及车机等设备，而与华为已经达成合作的车企包括赛力斯、奇瑞、江淮、北汽、长安等。

蔚来汽车从成立之初，就开始构想关于汽车的未来并为此做了积极探索，它们的梦想不是办一家能赚钱的汽车公司，而是要创办一家能够吸纳最新技术成果、体现时代精华的汽车企业，而企业赚钱是结果也是手段。蔚来的创始团队充满想象与激情，大胆而不惧失败。从一开始，他们就知道软件对于未来汽车的重要意义并确定了"软件定义硬件"的开发思路，而要做出一套优秀的软件必须从制造汽车干起。从在图纸上画下第一条线开始，他们就在不遗余力地推动自研汽车操作系统的工作。在2023年10月的"蔚来科技日"上，蔚来宣布了自己的整车全域操作系统——Sky OS天枢，并将在其旗舰车型ET9

上全面使用，配合其自研高算力芯片，以实现中国智能电动汽车既"有芯"又"有魂"的梦想。蔚来的探索，对中国汽车工业具有十分重要的意义。

与华为的自研自动驾驶芯片和更加宏大的鸿蒙操作系统相比，蔚来的声音要小一些，但它的意义在于专注于造车领域，与汽车制造更加紧密地结合在一起。华为与蔚来的目标相似，但道路不同。但是，对于一个幅员辽阔、人口众多的国家而言，适当尝试多种方式，以满足多元化的市场需求，创造更多可能性。

第十六节　专利

新能源汽车本身是创新的产物，其依靠创新赢得了过去，也只能依靠创新赢得未来，无论是产品的持续迭代还是打造高端品牌，都需要大力投入研发提升技术创新能力。《环球时报》前总编胡锡进认为，"一个企业在技术创新上的投入有多大，发展空间就会有多大，把技术掌握在自己手里，能够进行持续的技术升级和迭代，才是未来的赢家。前方充满挑战，但非常值得放手一搏"。对于生产制造企业而言，创新主要体现在专利技术成果的质量和数量上。

专利代表企业对技术研发的重视程度和所取得的成效，也在一定程度上表明了企业发展的潜力。很多车企为了将车造好，都十分注重专利工作，以保护创新成果，激发创新活力，展示企业实力，增强市场信心。我国部分新能源汽车企业截至 2023 年 12 月专利数统计（包含已申请和授权专利数）如表 7-3 所示。

表 7-3　部分新能源车企截至 2023 年 12 月专利数统计

企业名称	专利总数	安全专利数
蔚来	9282	3316

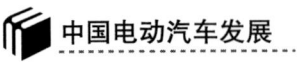

续表

企业名称	专利总数	安全专利数
特斯拉	4711	564
小鹏	4650	2171
理想	4269	1606
零跑	2834	1155
极氪	2242	907
小米	1489	752

资料来源：智慧芽。

第十七节　智能座舱

汽车自其诞生以来，就是一种交通工具，一种用来替代马车，可以跑得更快、更远的交通工具。抛开动力形式，过去衡量汽车的标准主要是最快时速多少、单次补能后能跑多远等。

总体而言，汽车在发展的过程中，经历了一个由初级到高级、由普通到豪华的过程。特别是在面向不同消费群体时，汽车的外观、动力、用料、内饰等都经历了不断变迁和迭代，越是高档的车辆，外观越漂亮，内饰越豪华，动力越强，用料越好。

音响进入汽车也比较早，渐渐成为汽车的标配，而且根据消费群体的差异进行了不同水准的音响配置，越是高端的车辆，车载音响越豪华。

正如其他方面的发展一样，座舱也是汽车的重要组成部分，在发展过程中变得越来越好。近年来，随着互联网技术的发展，汽车座舱发生了巨大的变化，甚至可以说是颠覆性的变化。

智能座舱的时代到来车主可以一边开车，一边通过语言交互指挥车辆完成各种动作，包括但不限于点歌、调高或者调低音量、开关车窗、开关空调，甚至可以具体到将音量调高多少、窗户打开的程度、空调开到多少摄氏度，等等。这些在过去都要通过手动操作才能完成，且操作起来比较复杂，并不能一步到位。

导航也是智能座舱比较适用且与过去有很大区别的功能。以前，开车时总是依赖于一个手机支架，用以放置打开导航的手机。现在则不用了，直接在车载屏幕上显示导航路线并听取导航播报。

广播、网络电影电视、车载卡拉 ok 系统、电子游戏，等等，现在几乎都进入了汽车座舱，特别是电动汽车，这些几乎都成为标配。现在的智能座舱，成功地成为一个多功能娱乐室。

这些变化的出现，都是划时代的。由于智能座舱的出现和不断升级，汽车的角色由代步工具变为功能齐备的电子产品，不仅大大方便了开车，可玩性也得到了提高。

VR 眼镜等更高端的技术也已走进智能座舱，更加凸显了汽车作为娱乐设施的作用。

显然，汽车由过去相对独立的机械组合体，变成一个互联网终端。智能座舱，就是这一终端的集中体现。

由于汽车的耐用消费品属性，很多已经拥有燃油汽车的人，特别是刚刚买了燃油汽车的人，还暂时体会不到智能座舱的便利，及其带来的革命性变化，但这种趋势正在加速发展。可以预见的是，智能座舱的出现和不断迭代，将缩短汽车以旧换新的周期，促进汽车消费。过不了多久，那些试驾过、乘坐过、听说过智能汽车的人，可能会考虑将手中的燃油汽车换成智能电动汽车。这在过去，是很难想象的。除了极少数经济条件很好又特别喜欢汽车的人外，我国民众一般换车时间为 5~6 年。智能电动汽车的发展，将缩短这一周期。

座舱智能化虽然刚刚起步，但发展十分迅速。在今天的中国，智能座舱已成为电动汽车的核心竞争力之一，各厂家都在争先恐后地强化研发，推出新产品、新功能的速度越来越快，消费者也越来越将智能座舱作为选择车辆的核心条件之一。

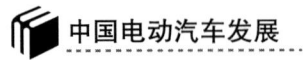

第十八节　从消费者角度看电动汽车发展趋势

除了技术层面的比较和经济层面的分析外，人们对新能源汽车的认知和接受程度也决定着产业发展的进程，在一定程度上也影响着发展的方向。有时候，从专业角度评价为优质的产品，未必能得到消费者的认可，出现"叫好不叫座"的情况。只有得到消费者的认可，才能更快地将车卖出去，实现商业价值。一旦商业上取得成功，又可以利用市场影响力，从专业角度提升产品品质。汽车作为一种商品，首先得考虑卖出去。因此，很多厂家在开发新产品时，不仅要从专业角度考虑问题，进行专家研究论证，对车型进行定义，还要充分了解市场需求，就动力、外观、内饰、空间等听取潜在消费者的意见，为此需要开展大量市场调研。

关于公众对电动汽车的认知问题，有很多调研报告。有一份调研报告是这样问的：您听说过"电动汽车"这种交通工具吗？具体选项包括："A. 从未听说过；B. 听朋友说过，稍有了解；C. 太了解了。"对这一问题的回答，仅有 3.5% 的人表示从未听说过电动汽车，68% 的人表示稍有了解，28.5% 的人表示非常了解，后两者相加为 96.5%，表示超过 95% 的人对电动汽车有不同程度的了解。这一比例是相当高的。根据该问卷调查的分析，36~50 岁的受访者对电动汽车的关注度最高，该群体中仅 1.7% 的受访者表示从未听说过电动汽车。这个年龄段的人正处于工作的黄金年龄段，比较稳定，有一定经验又年富力强，是收入较高的群体，他们对电动汽车的高认知度既有利于电动汽车市场的发展，也有利于培育电动汽车市场。

为更好地了解社会大众对新能源汽车的看法，2023 年 9~10 月，通过多种方式面向不同群体进行了问卷调查，以下是调研的有关情况：

一、不分群体网络问卷调查情况

问卷通过网络发放，受访者通过网络回应有关问题，共有 1235 人参加了问卷调查。

在被问及"如果您家要购买一辆乘用车，您将选择什么车（单项选择）"时，330 人选择燃油汽车，占比 26.72%，超过 1/4；647 人选择油电混合（增程式）汽车，占比 52.39%，超过一半；258 人选择纯电动汽车，占比 20.89%，超过 1/5（见图 7-2）。从总体上看，选择新能源汽车的占 73.28%，超过 2/3，接近 3/4。但该问题未区分购车意向的具体情况，如家庭第一辆车、家庭第二辆车、换购等，仅从总体上反映了社会购车意向。

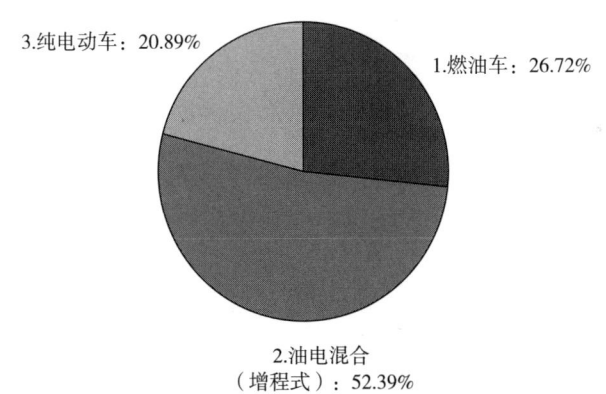

图 7-2　不分群体问卷调查购买乘用车选择分布情况

在被问及"在新的汽车动力技术（如氢能源）投入商业使用前，您认为哪种乘用车将成为主流（单项选择）"时，329 人认为"燃油车将一直是主流"，占比 26.64%，超过 1/4；404 人选择"油电混合（增程式）电动车是主流"，占比 32.71%，接近 1/3；244 人选择"当前油电混合（增程式）电动车比较好，但纯电动车将成为主流"，占

19.76%，接近 1/5；258 人选择"纯电动车是主流，应从现在起就大力发展"，占 20.89%，略微超过 1/5。从总体上看，后三项相加，认为电动汽车将是主流的占 73.36%，超过 2/3，接近 3/4；后两项相加，认为纯电动车将是主流的占 40.65%，略微超过 2/5，距离一半还有一定距离，高于混合动力（增程式）电动汽车所占比例（见图 7-3）。随着充电设施、特别是换电设施的完善，以及近年来大量使用混合动力汽车的实践，市场在经历过一段时间后，对纯电动汽车的认可和接受度有望进一步提高。

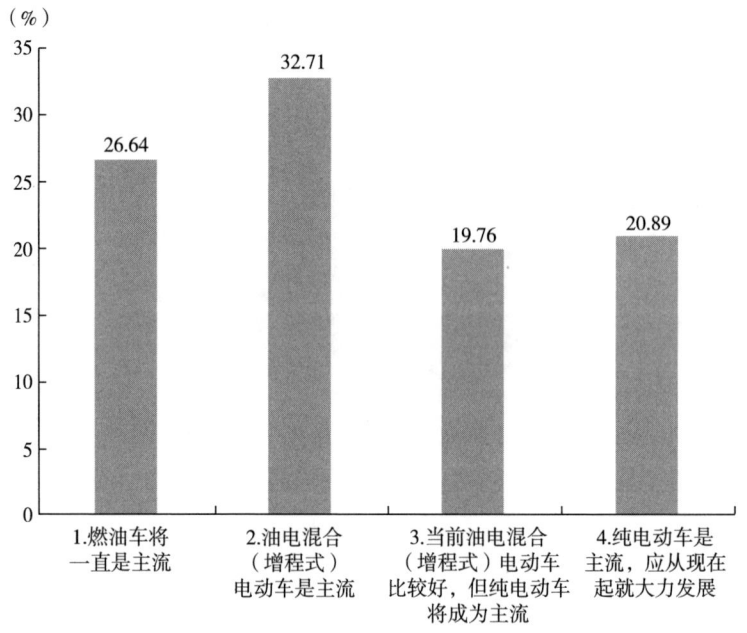

图 7-3 不分群体问卷调查汽车行业主流趋势选择分布情况

在被问及"如果您家要买第二辆乘用车，您将选择什么车（单项选择）"时，109 人选择燃油车，占 8.82%，不足 1/10；860 人选择油电混合（增程式）电动车，占 69.64%；266 人选择纯电动汽车，占

21.54%。后两项相加，选择新能源汽车的人占91.18%，超过90%（见图7-4）。家庭购置第二辆乘用车时对新能源汽车的接受度比社会平均接受程度要高出不少。从现实情况来看，不少家庭在购买新能源汽车特别是纯电动车时主要考虑将其作为第二辆家庭用车，但实际上使用最多的却是新能源汽车，良好的操控性和经济性使新能源汽车替代了油车的位置。随着时间的推移，人们对新能源汽车的了解进一步加深、顾虑进一步减少，燃油汽车将被新能源汽车替代。

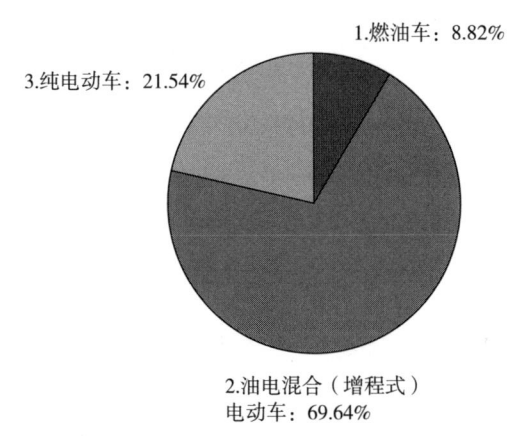

图7-4 不分群体问卷调查购买第二辆乘用车选择分布情况

在被问及"您平时是否关注新能源电动车行业（单项选择）"时，325人选择"没有关注"，占26.32%，超过1/4；366人选择"有所关注，但了解不深"，占29.63%，高于1/4，接近1/3；544人选择"比较关注"，占44.05%，超过1/3，接近一半；后两项相加，关注新能源汽车的群体占73.69%，超过2/3，接近3/4（见图7-5）。通过比对现场问卷调查进行进一步的分析发现，比较关注新能源汽车的群体，与选择购买纯电动汽车的群体高度关联，二者具有较为明显的趋同性，即越是了解新能源汽车的人，越会选择纯电动汽车。

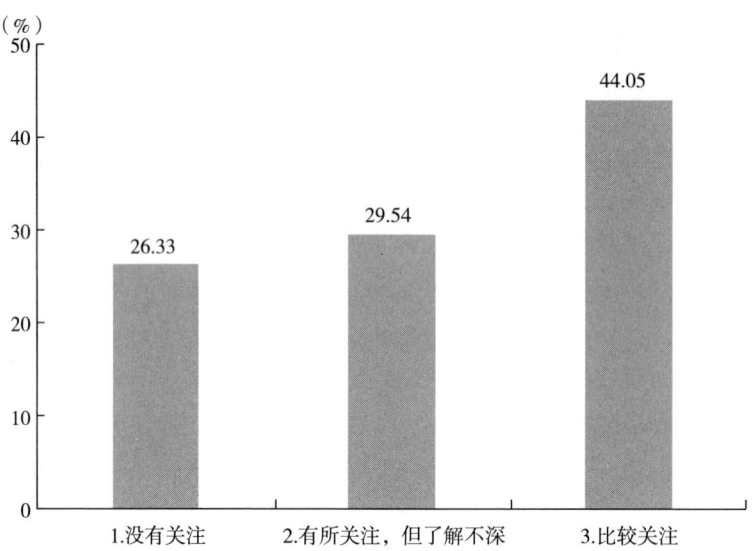

图7-5　不分群体问卷调查关于对新能源电动汽车关注度分布情况

二、面向高中毕业以下（含）群体网络问卷调查情况

在2023年9月专门面向高中毕业以下（含）群体的网络问卷调查中，有63人通过网络反馈了有关情况。在被问及"如果您家要购买一辆乘用车，您将选择什么车（单项选择）"时，9人选择燃油车，占比14.29%，比不分群体的调研（26.72%）低了12.43个百分点；21人选择油电混合（增程式）电动车，占比33.33%，比不分群体的调研（52.39%）低了19.06个百分点，刚好1/3；33人选择纯电动车，占52.38%，比不分群体的调研（20.89%）高了31.49个百分点，超过一半（见图7-6）。从总体上看，选择燃油汽车的介于1/10到1/5，选择新能源汽车的高达85.71%，超过3/4接近90%。之所以产生如此差异，从与部分人的交谈可知，主要原因是部分人认为油费比电费贵得多，纯电动汽车用起来比较便宜，燃油汽车和混合动力汽车自然不在考虑范围。是否还有其他原因，有待进一步分析。

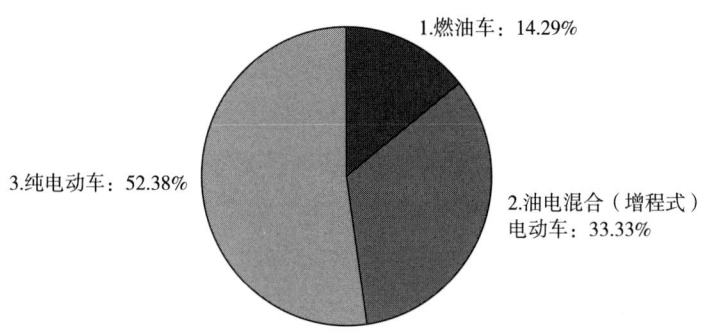

图7-6 高中（含）以下群体问卷调查购买乘用车选择分布情况

在被问及"在新的汽车动力技术（如氢能源）投入商业使用前，您认为哪种乘用车将成为主流（单项选择）"时，7人认为"燃油车将一直是主流"，占11.11%，比不分群体的调研（26.64%）低15.53个百分点，略微超过1/10；8人选择"油电混合（增程式）电动车是主流"，占12.70%，比不分群体的调研（32.71%）低20.01个百分点，超过1/5；14人选择"当前油电混合（增程式）电动车比较好，但纯电动车将成为主流"，占22.22%，高于不分群体的调研（19.76%）2.46个百分点，高于1/5；34人选择"纯电动车是主流，应从现在起就大力发展"，占53.97%，比不分群体的调研（20.89%）高33.08个百分点，超过一半（见图7-7）。与购车意向相似，高中（含）毕业以下的群体对新能源汽车今后一段时间内发展趋势的判断，对纯电的认可度和看好度明显高于社会平均水平。

在被问及"如果您家要买第二辆乘用车，您将选择什么车（单项选择）"时，3人选择燃油车，占4.76%，比不分群体的占比（8.82%）低4.06个百分点；27人选择油电混合（增程式）电动车，占42.86%，比不分群体的占比（69.64%）低26.78个百分点；33人选择纯电动汽车，占52.38%，比不分群体的占比（21.54%）高30.84个百分点。后两项相加，选择新能源汽车的人占95.24%，比不分群体的

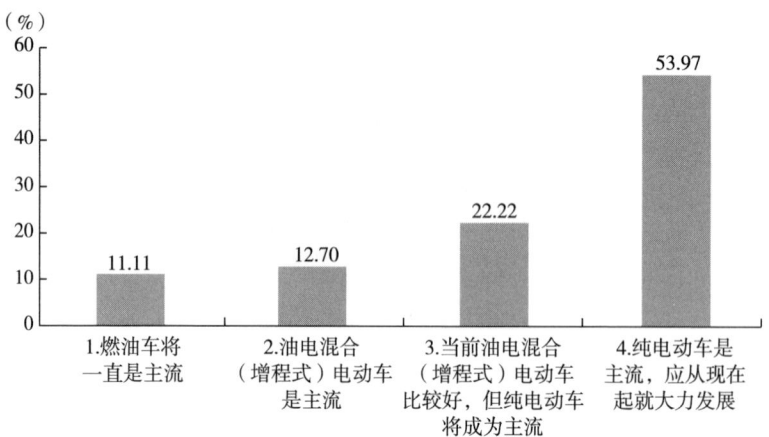

图 7-7　高中（含）以下群体问卷调查汽车行业主流趋势选择分布情况

占比高（91.18%）4.06 个百分点（见图 7-8）。从对该群体的调研来看，当家庭购买第二辆乘用车时，高中（含）以下群体选择燃油车和混合动力汽车的比例进一步降低了，而选择纯电动汽车的比例大大提高了。

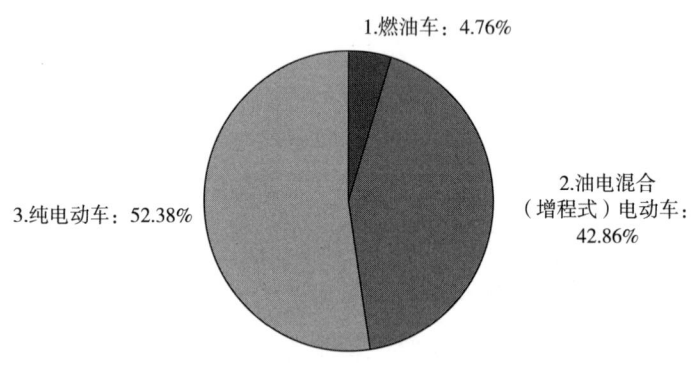

图 7-8　高中（含）以下群体问卷调查购买第二辆乘用车选择分布情况

在被问及"您平时是否关注新能源电动车行业（单项选择）"时，14 人选择"没有关注"，占 22.22%，比不分群体的比例（26.33%）低 4.11 个百分点；32 人选择"有所关注，但了解不深"，占 50.79%，比不分群体占比（29.54%）高 21.25 个百分点；17 人选择"比较关注"，占 26.99%，比不分群体的占比（44.05%）低17.07 个百分点。后两项相加，关注新能源汽车的群体占 77.78%，比不分群体的占比（73.59%）高 4.18 个百分点（见图 7-9）。从总体上讲，高中（含）以下群体比较关注的比例比较高，非常关注的比例相对较低。他们可能关注经济性一项就可以帮助他们决定自己所要购的车。

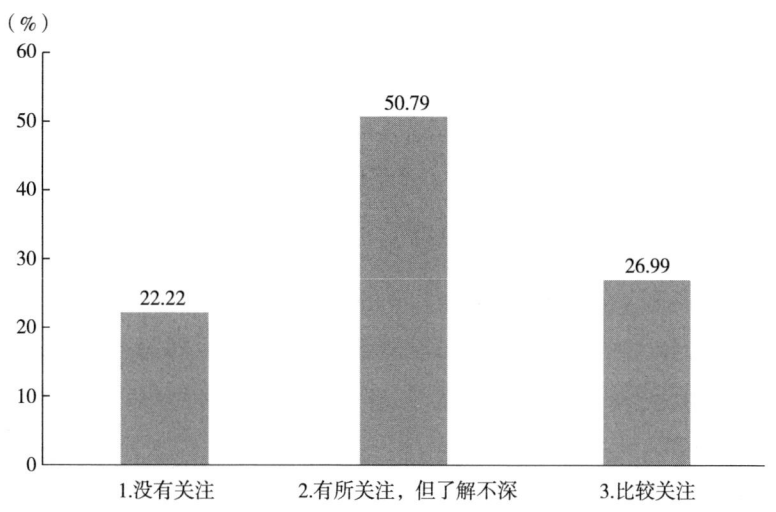

图 7-9 高中（含）以下群体问卷调查关于对新能源电动汽车关注度分布情况

三、自然科学工作者与社会科学工作者调查情况

2023 年 10 月，面向自然科学工作者和社会科学工作者的问卷调查表明，两个群体在对新能源汽车的认知方面存在一定差异。需要说明的是，虽然调查问卷的内容一模一样，但调查的方式不同：面向自然科学工作者的问卷调查通过网络进行，36 人通过网络回答了问卷；面向社会科学工作者的调查则是通过发放书面问卷进行的，收回问卷37 份。在被问及"如果您家要购买一辆乘用车，您将选择什么车（单

项选择）"时，自然科学工作者有 8 人选择燃油车，占 22.22%，社会科学工作者有 18 人选择燃油车，占 48.65%（比前者高 26.43 个百分点）；自然科学工作者有 15 人选择油电混合（增程式）电动汽车，占 41.67%，社会科学工作者有 12 人选择油电混合（增程式）电动汽车，占 32.43%（比前者低 9.24 个百分点）；自然科学工作者有 13 人选择纯电动车，占 36.11%，社会科学工作者有 7 人选择纯电动车，占 18.92%（比前者低 17.19 个百分点）。在样本有限的情况下，自然科学工作者对新能源汽车的接受程度，特别是对纯电动汽车的接受程度，远高于社会科学工作者。

四、面向电动汽车使用群体现场问卷调查情况

在西部某省某地级市一个充电站，对前来充电的新能源汽车车主进行了现场书面问卷调查，收回问卷 50 份。在被问及"如果您家要购买一辆乘用车，您将选择什么车（单项选择）"时，4 人选择燃油车，占比 8%，不足 1/10；14 人选择油电混合（增程式）电动车，占比 28%，超过 1/4，接近 1/3；31 人选择纯电动车，占比 62%，超过一半，接近 2/3。前来充电的都是早期电动汽车车主，在充电设施不完善、充电速度还比较慢、部分人已经开始感受到电池衰减影响的情况下，绝大多数人仍然选择继续购买新能源汽车，这说明新能源汽车已经得到了市场的检验。

从市场认知角度来看，新能源汽车的发展已经得到社会的高度关注，并得到多数人的认可。

一些地方则抓住机会，大力建设换电站，为电动汽车发展创造更为有利的条件。2024 年 1 月 11 日，在安徽省委省政府的大力支持下，中安能源（安徽）有限公司正式成立。中安能源由安徽省能源集团、安徽省天然气开发股份有限公司、皖能资本投资有限公司、蔚来控股有限公司、国轩高科股份有限公司、安徽省新能源汽车和智能网联汽

车产业基金共同出资设立，主要负责共同推进安徽全省统一的充换电服务"一张网"，构建开放共享的新能源汽车"储充换"网络。安徽省能源集团、安徽省交控集团和蔚来达成战略合作，支持新设立的中安能源建设 1000 座储充换一体站，并将在储充换产业涉及的电池标准、充换电技术、电池资产管理及运营、新型电力系统合作、储充换设备生产制造相关供应链等方面开展全方位、多层次的深度战略合作。蔚来还与江淮汽车集团、奇瑞汽车分别签署了换电战略合作框架协议，将在电池标准、换电技术、换电服务网络建设及运营方面开展全方位、多层次的深度战略合作。换电站体系在继长安汽车、吉利汽车之后，迎来了江淮、奇瑞两家重磅车企。地方政府的实质性参与，加之中央层面支持换电的政策，至此，换电站先后得到了中央政府、地方政府、国有企业、民营企业的支持，表明社会共识进一步增强，且多方面的实质性介入为其可持续性提供了坚实保障。

第八章　换电

换电是新能源电动汽车的技术路线之一，即通过模块化设计，使电动汽车动力电池可以随时在换电站进行更换，在几分钟内将快没电的电池从车上取下，并换上存放于换电站中已经充满电的电池。

采用换电技术的车，当然也可以充电。换电型电动汽车准确地讲，是可充电也可换电的电动汽车。换电之所以被部分纯电动汽车生产厂家所采用，主要是为了克服充电技术所面临的问题和局限性。

充电技术面临的局限性主要包括以下三个方面：

首先，补能时间长。受电网负荷、充电桩功率、电池性质等因素影响，充电往往达不到理想效果。出于保护电池需要在电池电量低于10%或高于80%时普遍采取涓流充电的方式，导致全过程充电时间较长，影响了补能体验，部分消费者甚至认为上当受骗而心生不满。

其次，电池会衰减。新能源动力电池的特性是随着时间的推移或行驶里程数的增长，可充电量逐渐衰减，续航里程逐渐减少，这加深了用车人的焦虑。虽然衰减较为缓慢，且衰减后的电池可以更换，但由于更换电池价格较贵，消费者出于对后续投入的担忧，购车意愿受到影响。

最后，充电设施不足。部分高速公路服务区还未铺设充电桩，城市充电站覆盖不够广，小区停车场安装充电桩困难，不少老旧小区没有固定停车位无法安装充电桩，部分充电桩维护不善等，导致充电桩发展适应不了市场需求，影响了新能源电动汽车的使用体验和推广普及。

换电技术，可以较好地解决上述三个方面的问题。

从补能时间来看，换电只需要 5 分钟左右，与加油时间相当，随着技术进步还可以进一步优化，目前已经可以做到 4 分钟左右，有望在不久的将来实现 3 分钟换电。而充电往往需要 30 分钟甚至 1 个小时以上。

从对衰减问题的应对来看，电池在换电站流通，衰减到一定程度会被及时退出，投入梯次利用，在一定时间后可回收利用以充分实现其残值，这一切都由企业调度处理，消费者无须担心。而只能充电的电池，在衰减后往往由消费者决定是否要进行更换。如果不更换，会大大影响消费体验；如果更换，电池贬值很快，消费者须承担不菲的费用。

从解决充电设施不足的问题来看，换电站可以在很小的场地和一般的输配电条件下，通过预先充电和快速换电，为广大新能源电动汽车用户提供服务，场地效率和对电网的适应能力优势明显。充电设施要想实现较快的充电，则需要电网输配电条件的支持。另外，我国城市的居住情况和电网现状，在很多老旧小区等还很难安装充电桩。

此外，换电还具有其他多方面的好处。①降低了购车门槛：对换电式电动汽车，国家政策支持购车时可不购买电池（以租赁方式获得电池使用权）。②过程友好：换电时不用下车，全程自动化操作，比充电体验好。③有利于电池安全：每次换电都是对电池的体检，有问题的及时移除。④有利于电池升级：消费者不用换车即可享受最新电池技术成果。⑤有利于保护电池：相比超快充，可优化充电电流较少的对电池损伤，使电池寿命更长。⑥减少排放：可将低价谷段电储存起来供峰段用，助力"削峰填谷"，达到节能减排效果。⑦有利于电池回收处理：模块化设计的电池可以灵活拆卸、搬运和处理，便于资源循环利用。

面向 1233 名受访者的调查表明，换电也是社会普遍希望的新能源电动汽车技术路线，高达92.46%的人认为新能源电动汽车应该具备换电功能；只有7.54%的人认为只需能充电即可。由此可知，换电模式得到绝大多数人的认可。从油电混合（增程式）电动汽车用户的认知来看，在47位受访者中，72%的人认为电动车应具备换电功能。

部分新能源电动汽车企业的实践也表明，换电得到市场的认可。蔚来汽车作为国内开展纯电动乘用车规模化换电业务的企业，已建成了2000余座换电站，总换电次数3100多万次，41万多用户中89%的人参与了换电。以贵州为例，在换电站尚不普及的情况下，有80%的蔚来汽车用户将换电作为日常补能方式之一。

在面向贵州91位蔚来汽车用户的调研中，在被问及"您家还有哪些类别的乘用车（多项选择，没有可以不选）"时，48人选择燃油车，占52.75%，超过一半；8人选油电混合（增程式）电动车，占8.79%，不足1/10；23人选其他纯电动车，占25.34%，接近1/3；12人未做出选择，占13.12%（见图8-1）。这意味着超过10%的家庭只拥有蔚来汽车。

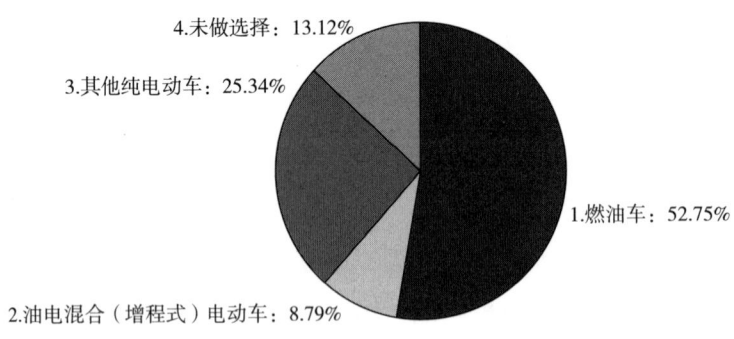

图8-1　蔚来汽车用户调研拥有乘用车类别分布情况

在被问及"您平时用得最多的乘用车是什么类型（单项选择）"时，1人选择燃油车，占1.10%，比拥有燃油车的比例（60.44%）低了

59.34 个百分点；2 人选择油电混合（增程式）电动车，占 2.20%，比
拥有油电混合（增程式）电动车的比例（8.79%）低了 6.59 个百分点；
3 人选择了其他纯电动车，占比 3.30%，比拥有其他纯电动车的比例
（32.97%）低了 29.07 个百分点，85 人选择了蔚来汽车，占比高达
93.40%，比只拥有蔚来汽车的比例（13.12%）高了 80.28 个百分点
（见图 8-2）。

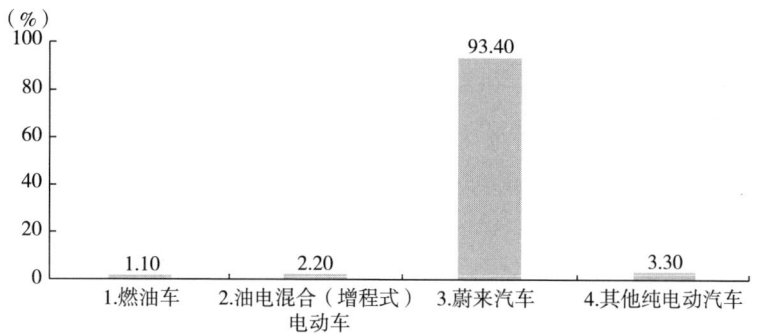

图 8-2　蔚来汽车用户调研使用最多乘用车分布情况

将"您家目前还有哪些类别的乘用车（多项选择，没有可以不
选）""您平时用得最多的乘用车是什么类型（单项选择）"进行比
较分析可以看出，尽管只有 12 名蔚来车主只拥有蔚来汽车，但却有
85 名蔚来车主平时用得最多的是蔚来汽车，这意味着有 73 名蔚来车
主在至少拥有其他一种车辆的情况下，平时用得最多的是蔚来汽车，
占拥有多种车辆群体（79 人）的 92.41%。反之，尽管有 55 人拥有燃
油车，但只有 1 人平时用得最多的是燃油车，占 1.82%；8 人拥有油
电混合（增程式）电动车，只有 2 人平时用得最多的是该型车，占
25.00%，远不及一半；30 人拥有其他纯电动车，只有 3 人平时用得
最多的是该型车，占 10.00%。这说明在平时用车场景中，换电型纯电动
车最受欢迎。

在被问及"200公里以上长途，您主要使用哪种车型（单项选择）"时，16人选择燃油车，占比17.58%，比拥有燃油车的人（55人）少了39人；3人选择油电混合（增程式）电动车，占比3.30%，比拥有该型车的人（8人）少5人；1人选择其他纯电动汽车，占比1.1%，比选择该型车的人（30人）少29人；71人选择蔚来汽车，占比78.02%，比只拥有蔚来汽车的（12人）多了59人，意味着有59人虽然还拥有其他类型车辆，但在200公里以上长途用车场景中选择了蔚来汽车（见图8-3）。一般认为，电动汽车中油电混合（增程式）电动车是最适合跑长途的，但调研表明，从用户的实际使用选择来看，选择该型车用作长途的不足一半，换电式纯电动汽车在长途使用环境中更得到用户的青睐。究其原因，应该与换电式纯电动汽车能源使用成本更低从而更加省钱、行驶过程中更加安静清洁、有利于节省体力保持健康、可充电可换电的技术路线解决了充电时间过长问题等因素相关。当然，在一定程度上也与纯电动汽车更加环保因此更加符合环保人士的价值观念、纯电动汽车智能化整体上优于燃油车和混合动力电动车从而具有更好的人车互动和娱乐体验等因素相关。

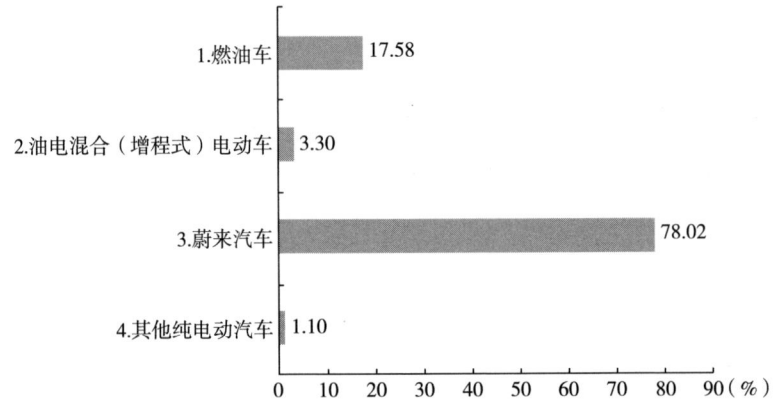

图8-3 蔚来汽车用户调研200公里以上长途车辆选择分布情况

在被问及"在新的汽车动力技术（如氢能源）投入商业使用前，您认为哪种乘用车将成为主流（单项选择）"时，3 人选择"燃油车将一直是主流"占 3.30%，不足 1/20；7 人选择"油电混合（增程式）电动车是主流"，占 7.69%；前两项相加占比略微超过 10%；10 人选择"当前油电混合（增程式）电动车比较好，但纯电动车将成为主流"，占 10.99%；71 人选择"纯电动车是主流，应从现在起就大力发展"，占 78.02%；后两项相加占比 89.01%，接近 90%（见图 8-4）。

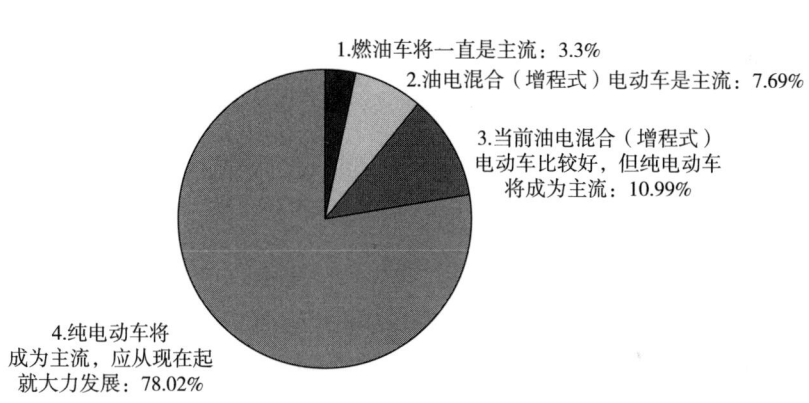

图 8-4　蔚来汽车用户调研乘用车主流趋势分布情况

在被问及"对于纯电动汽车，您认为哪一种补能方式比较好（单项选择）"时，3 人选择"只能充电"，占 3.30%；88 人选择"既能充电，又可换电"，占 96.70%（见图 8-5）。该项调查结果表明，换电型纯电动车的使用者对换技术路线高度认可。

从不同角度的分析和面向不同群体的调查研究表明，换电作为一种补能技术和方式，是市场的期待，也得到用户的肯定。

换电这么好，为什么目前还没有成为一种普遍的技术路线呢？主要原因有以下几个方面。部分人认为，前期投入大，很少有企业有实力、决心和勇气进行大规模投入。投入的钱长期收不回来，公司就面

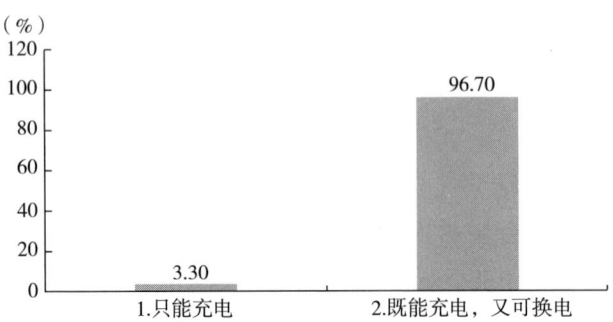

图 8-5 蔚来汽车用户调研纯电动汽车补能方式分布情况

临巨大的亏损压力，会导致经营难以为继。这部分人认为，换电站即使要搞，也应由第三方，最好是政府出面，就像修高速公路一样将换电站作为基础设施建设，否则任何公司都难以承担，也一定搞不好。还有一部分人认为，充电速度正变得越来越快，大功率超快充的普及将使换电站变得没有必要。他们还举出了很多例子，如特斯拉也没有搞换电、华为没有搞换电，等等。另外，部分人认为标准很难统一，换电道路行不通。

即使确定了换电这一技术路线，是边卖车边建换电站呢，还是先建好换电站网络再开始卖车？这个问题也需要认真权衡。设想，如果让每个消费者都能像到加油站加油一样到换电站换电，那得建设多少换电站！谁又能拿出那么大量的资金！目前建设一个换电站的综合成本大约为 200 万元，1 万个换电站就超过 200 亿元，还没有包含运营成本。换电站网络建设成本如此之高，投资人很难下得了决心。民营企业如此，国有企业也一样。这也是换电技术没有被普遍采用的主要原因。

幸运的是，在我国，人们接受新鲜事物的意愿正在变强，而巨大的人口数量和消费能力使任何小众的产品和想法都可能得到众多的支持者。互联网时代，人们又更加容易通过技术手段找到这些认同者从而获得支持。正是在这种背景下，我国汽车行业的新势力蔚来汽车开始了勇敢的探索并取得了初步成效。

蔚来汽车在成立之初，就将换电作为其核心竞争力，客观上换电也成为蔚来差异化竞争的手段之一。具体做法是：一边卖车，另一边建换电站，哪里卖得好，就优先在哪里建设换电站。不少人之所以购买蔚来汽车，就是看中其可以换电。但矛盾也是显而易见的，初期阶段尤其如此。由于购买汽车的用户非常分散，使用场景不确定性很大，而换电站建设不可能建到每一个地方，这属于资金约束问题，同时也受到场地租赁、电力接入等多方面限制，结果换电站建设速度滞后于车辆的普及速度，导致换电站资源紧张，引起了部分消费者的不满。有的地方，多年都还没有建设哪怕一个换电站。从公司的角度来看，也有难处，受到市场波动的影响，经营收益也不如预期，导致资金链吃紧，在这种情况下很难为满足数个或不多的用户需求而增加换电站。所幸，换电式纯电动汽车本身都是可以充电的。

公司的经营尤其需要考虑资金的回报率和使用效益，蔚来汽车当然也考虑到了这些。但新冠疫情使换电站建设的速度在一定程度上被延缓了。不少消费者呼吁，蔚来汽车应该在高速公路部署足够多的换电站，因为用户只有在长途用车时对快速补能的需求最为急迫。但是，用电动汽车跑长途的用户一开始并不多，高速公路服务区建设换电站利用率很低。在这种情况下，蔚来公司采取了折中的方案，在高速公路城市出口附近建设换电站，既满足用户跑长途时的需求，又兼顾城区用户的需要。虽然在高速公路出口附近建换电站对于跑长途的用户而言不如在服务区方便，但聊胜于无，总算在不断往前走。尽管道路很艰难，但蔚来的补能体系，因为有换电站，得到用户的高度认可。

从 2018 年 5 月到 2024 年 4 月，蔚来在 6 年时间里落地了四代换电站，每一代换电站与上一代相比，都有巨大的进步。在没有激烈竞争的领域里自我加压，可见蔚来对于换电站的重视。换电被认为是蔚

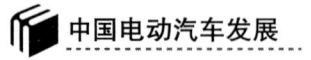

来的"护城河",而蔚来是铁了心要把这条护城河建得更深、更宽。

外界担心,换电站投资太大了,蔚来以一己之力能否扛得住,其可持续性到底如何。这种担心非常普遍,但蔚来多年的耕耘过后开始进入收获期,换电得到了越来越多的认可。

在由早期对车主进行不限次数免费换电调整为 4~6 次免费换电优惠的情况下,其上海的换电站已经实现了整体盈利。上海是中国消费的风向标,不仅具有象征意义,也很有实际价值。蔚来汽车至今在上海布局了 150 余座换电站,约占其目前换电站总数的 6.5%。上海实现了盈利,那么,北京、广州、深圳、苏州、杭州等人口密度较高、经济较好、蔚来汽车保有量较高的地方也将会实现盈利。这些地方是蔚来车主最集中的地方,也是换电站布局最多的地方,一旦这些地方整体上实现盈利,蔚来换电系统的造血功能就将发挥出惊人的力量,那时候,换电不仅不会成为蔚来的拖累,反而会贡献很好的现金流。截至目前,蔚来汽车仅凭一家之力,在全国铺设了超过 2400 座换电站,实现了换电设施的规模化与网络化应用;即使在单车均价较高、车辆保有量有限的情况下,蔚来公司已经有 20% 的换电站实现了盈利,随着车辆保有量的增加,更多城市的换电站将实现盈利,换电站不仅不会成为公司拖累,还能为公司财务做出正向贡献。

关于换电站的建设成本与收益问题,以蔚来汽车的情况为例。一个蔚来三代换电站,生产成本约为 180 万元,安装成本约为 30 万元,满放时电池成本约为 160 万元,共计 370 万元;每次换电收 30~50 元服务费(业务繁忙的换电站收 50 元,一般的收 30 元,以引导用户合理选择换电站,避免过于拥挤影响使用体验)。从理论上讲,每天24 小时不间断工作,可以换电 288 次。考虑到夜间换电少,且换电时间相对集中,按 50% 的有效时间估算,每天可以换电 144 次。假设100 次以上为繁忙,100 次以下为平常,取 80 次为平常换电次数(按6 分钟一辆车计算,8 个小时即可完成),则一个换电站每年(按

365 天计算）可以收取服务费为 87.6（80×30×365）万元。成本构成如下：按照机电设备 8 年折旧期限计算，每年折旧约为 46.3 万元，场地租赁约为 8 万元，人员工资约为 12 万元（由于自动化程度很高，一人可以照顾多个换电站），共计 66.3 万元。每个业务量正常的换电站每年可实现净收益约为 21.3 万元。换电站还可以利用电网峰谷电价差增加收益，即在晚上谷电阶段将价格非常优惠的电储存起来，白天峰段时换给用户使用，由于用户换电是按照换电时段的电价收费的，换电站除了收取服务费外，还可以从电价差中得到部分收入。蔚来公司还参加了电网的调峰工作，同样也可增加收益。随着车辆保有量的上升，特别是随着更经济车型的推出，单个换电站的服务次数将快速上升，更多的换电站将实现每天 80 次以上服务，一旦有 60% 以上的站点实现正常服务，10% 左右的站点较为繁忙，那就可实现整体盈利。最终结果是，10% 左右的站点较为繁忙，20% 左右的站点业务较少，辅以与换电站同步建设的充电设施，盈利将比较可观。

由此可见，换电站建设的成本与收益是算得过账来的。随着车辆保有量的增加，换电体系不仅不会造成亏损，反而会实现较好的利润。在整车制造环节十分内卷的情况下，作为具有先发优势且受到场地资源限制的换电体系，可能会实现比汽车生产环节更好的财务表现。

随着蔚来子品牌的推出，以及其他整车制造企业的加入，蔚来在贵阳、温州等地的换电站也有希望实现盈利。那时候，人们或许会惊叹：原来换电站真赚钱啊。换电站系统一旦坚持到底形成网络化，其爆发力有望出现惊人表现。可以认为，换电站就是电动汽车时代的加油站，是一头优质的"现金奶牛"。当然，在它真正赚钱之前，无论怎么解释都无法令所有人信服，也不可能做到，一切只能交给时间。

与重资产投入相比，充电速度加快后换电站就没有存在价值的论调，更具有迷惑性。虽然近年来充电速度有了很快的增长，但离换电站的效率还有很大差距。最近几年，充电桩功率由约 60 千瓦突飞猛进

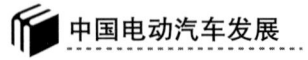

到 500 千瓦甚至 600 千瓦以上，但这仅仅在非常理想的情况下才可以实现。单点 600 千瓦功率，意味着一个小时要从电网的某个出口输出 600 度电，这样的出口一旦较多，对电网的冲击将是巨大的，电网是否能够承受如此大的功率需求，需视情况而定。

充电桩的功率则受到充电场景的影响。比如，在 600 千瓦的额定功率下，如果一台车充电，在电网负荷能够承担的情况下，是可以实现的；一旦同时有另外一辆车在充电，功率马上下降；以此类推，车辆越多，单车充电功率越低。换言之，单车充电功率与同时在充电的车辆数成反比。

充电真实功率还受到电池本身的影响，这包括两个方面。一是充电速度，在现有电池技术条件下，充电速度越快，对电池的损伤越大，虽然次数少时超快充对电池的使用影响并不明显，但次数多了难免产生问题，如衰减过快等。二是充电过程，出于保护电池的需要，一般在电池电量低于 20% 或者高于 80% 的两个时段内，都采用了涓流充电方式，以保护电池健康。

对快充技术的厚望，往往也伴随失望，特别是对理论上的功率进行大肆宣扬，对很多消费者具有很大诱惑力，但往往也会带来"反噬"。一旦在实际生活中达不到或者几乎达不到宣传的效果，来自用户的质疑就是必然的。关键技术的突破，往往也需要较长时间，这样的例子有很多很多，比如前些年一直热炒的石墨烯技术，说几分钟就可以将汽车动力电池充满，但到现在仍然未投入商用。

事实上，充电速度受到电网容量、充电桩功率和电动汽车电池性能等多方面因素的影响，是一个比较复杂的问题。电网、充电桩与电动汽车电池的关系，类似于水管、水龙头与水瓶的关系，水瓶装水的速度，受到水管里的水量、水龙头大小以及瓶口大小的影响。水管里的水再多，如果水龙头小了，水流出来的速度就很慢，瓶口再大也没用；无论水龙头和水瓶瓶口有多大，如果水管里没有足够多的水，水瓶装水的速度也会很慢；水管里的水再多，水龙头再大，如果瓶口小了，水瓶装水的速度也快不了。水瓶装水的速度取决于三者的最小值。同样，新能源电动汽车的充电速度或者说功率，取决于电网、充电桩和电池三者所支持功率的最小值。

换电站则以其储能功能，可以快充，可以慢充，也可以断断续续充电，几乎不受电网负荷和充电功率的影响。对比风电、光伏发电等受天气影响起伏不定的发电方式，换电站适应能力强。另外，换电站的电池也不受动力电池接受充电能力的影响，它可以在等候换电的过程中，完全按照自身的接纳能力充电，只是时间有快有慢而已。对于消费者而言，上述过程都是不可见的，不会影响其补能体验。换电在可见的将来，仍然是电动汽车最快捷、最可靠的补能方式。

关于标准统一的问题，行业正在加速达成共识并开始付诸行动。2023 年 11 月 21 日，蔚来汽车宣布，长安汽车与其在重庆签署换电业务合作协议，双方将在推动换电电池标准建立、换电网络建设与共享、换电车型研发、建立高效的电池资产管理机制等方面展开合作。蔚来的换电技术得到了造车"国家队"成员的认可。此后，蔚来还与吉利、江淮等几家重磅汽车整车生产企业达成合作，共同发展换电型纯电动汽车。

另外，换电站在智能电动汽车时代是智能体系的重要组成部分。由于其相对于充电桩有较好的体积和较强的可辨识性，可以安装一系列硬件感知系统，配合高水平的软件调度，有利于实现智能化无感补能。蔚来已经开发出了领航换电功能，车辆可以根据自己设定的补能换电规划，自行行驶进入高速公路服务区，自行寻找、泊入换电站并完成换电等。这一功能正在进行测试，将在不久的将来向用户全面推送。此外，为了照顾多样化需求，蔚来还开发出了无人值守领航换电功能，启动该功能后，车辆驾驶人员可以将车停在高速公路服务区停车位后，向车辆发送相关指令，车辆接到指令后自行寻找换电站，换

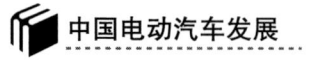

好电池后自动行驶回原位并停好。

另外，蔚来汽车还通过技术迭代，不断升级换电站，使其更加先进、更加高效、更加可持续。蔚来汽车是一开始就走换电路线的车企，其他车企要么不看好，要么启动晚，要么动作慢，可以说，在车企之间无处不在的卷性能卷基础设施建设卷自动化过程中，蔚来换电系统面临的竞争环境是最为宽松的。但即使这样，蔚来也毫不放松在换电系统上的创新。

蔚来于2018年推出了第一代换电站，电池仓只能容纳5块电池，换电时需要车辆驾驶人员下来，交给看守人员，由看守人员驾驶车辆进入换电站进行换电，换好电池后工作人员再将车辆交到驾驶人员手中。换电时间大约5分钟，整个过程大约10分钟。尽管与充电相比，这种体验已经好了不少，但还是显得不太方便。

2020年1月，蔚来公司推出第二代换电站。新一代换电站可以储存13块电池，共有239个传感器，拥有21tops算力，支持自动换电，驾驶人员不用下车即可完成换电，换电时间更快，全过程只需要6分钟左右，每天理论上可以支持240次换电。与第一代换电站相比，使用体验好了许多。

2022年底，蔚来宣布推出第三代换电站。蔚来第三代换电站可储存电池21块，在泊车准备、换电速度方面都更加省时，并采取了三工位协同作业机制，可实现换电动作与部分自检动作同时进行，将电池流转路径降到最低，换电全过程缩短到5分钟以内，比二代换电站换电时间减少了约1分钟。在换电平台方面，第三代换电站平台高度比第二代降低了100毫米左右，车辆换电位置前移了400毫米，让换电体验更加舒适。在充电功率方面，第三代换电站比第二代提高了50%，效率更高，且能兼容800V电器架构，适配性更好，可供今后基于800V平台的车辆使用，并可吸引第三方轴距2800~3300mm车辆融入换电体系。

　　蔚来第三代换电站还支持与电网的互动，能够参与电网的调节。换电站本质上是一个储能站，其储能载体就是电池。当在换电站系统中的电池在满足用户换电需求外还有富余时，就可以将暂时不用的电输送给电网。电网解决了用电紧张的问题，拥有换电站的企业则实现了一定经济效益，可谓双赢，并且兼顾了经济效益与社会效益。2022 年，蔚来公司将其在浙江省内的 72 座换电站接入了电网，作为一个分布式储能系统发挥了电厂的作用，参与了浙江省电网的调峰调频工作，为电网的稳定做出了积极贡献。

　　2023 年 12 月 23 日，蔚来发布了其第四代换电站，可以储存 23 块电池，单次换电时间减少了 22%，换电效率进一步提升，换电体验进一步优化，理论上每天最大服务能力为 370 次，搭载 4 颗英伟达 Orin X 芯片，配备 6 颗超广角激光雷达，整站算力达到 1016tops，为应对环境的复杂性和更多车站智能互联提供了条件；兼容多规格电池包，支持多品牌共享换电，且可安装 60 平方米的屋顶光伏系统，每座站每年节约 1.8 万度电。

　　不仅是换电站，电动汽车也可以参与电网工作为电力系统做出具有经济价值的贡献。买车是很多人的梦想，但用车的时间并不多。有的人虽然买了车，但上下班都不用，或嫌开车太麻烦或不好停车。据统计，大约 80% 的车辆处于闲置状态。大量的电动汽车闲置，意味着其电池组中储存了大量的电力，现在的技术已经可以支持车端电池组向电网反向充电，以更充分地利用电力节约能源，达到减少碳排放的目的。

第九章　市场博弈

　　"好酒不怕巷子深"，传统观念认为，只要东西好，不怕卖不出去。在产品比较少、社会流动范围和流动性较差的时候，这种看法是成立的。在产品比较丰富、社会流动范围广、信息传播迅速而且无孔不入的时代，"好酒也怕巷子深"。没有很好的宣传推广，好东西也不一定卖得好。所以，在商品十分丰富的时代，营销变成了一门学问。东西好，如果营销不好，也会影响销售。

　　生产厂家认为东西好，不一定有用。只有消费者认为东西好，才有用。

　　好与坏往往是相对的，不是绝对的。比如，产品颜色的好坏就有主观性。有的人认为红色好看，有的人认为蓝色好看，凡此种种，不胜枚举。

　　好与坏，有时候是从众的，就是所谓的潮流。人们的审美在不同时段会发生变化。当很多人说一个东西好的时候，往往会被更多人认为好；反之则相反。这种对事物判断的从众心理给营销带来了机会，即如何让尽可能多的人认为我的东西是好的。很多厂家花费巨资做广告，就是要达到这一目的。

　　随着自媒体时代的到来以及进一步发展，广告的形式和战场也发生了变化。以前，像汽车这种大件产品，在我国主要在中央电视台、《经济日报》等全国性媒体上投放广告，现在越来越多的企业到抖音、微博等平台投放广告。过去主要投放直接的广告，现在则开始越来越多投向 KOL（网络意见领袖）发布软广告。

对于汽车这样的大宗消费品，人们在购买前都会看很多信息，会进行多方咨询。而现在互联网就是人们咨询的主要渠道，随时随地都可以进行。试想，一个产品，当在互联网上绝大多数人都说好时，自然你也会认为很好。相反，如果你总是碰到说不好的，看多了自然也认为不好。这种现象被一些人说成是"洗脑"——很难听却真实地存在着。不要小看这种力量，众口铄金，积毁销骨，一旦在网上被围攻，百口难辩，结果真假混淆、黑白颠倒。有的人认为，真金不怕火炼，只要我把产品做好，消费者自然买账。其实不尽然。一些厂家因为没有重视这方面的影响，吃了大亏，教训不可谓不深刻。市场营销的费用少不了，少了就要付出代价。

任何技术路线的汽车厂家，都需要向社会持续不断地宣传自己产品的优势和好处；如果不这样做，一定会受到市场的惩罚。电动汽车厂家尽管其产品的综合得分较高，既有利于消费者，也有利于社会，但也需要通过适当方式不停地向消费者传递对其有利的信息。如果不这样做，就会被其他技术路线的汽车厂家通过各种方式"占领用户心智"或者说认知空间，通过渲染或夸大充电难、充电慢、电池衰减快等方式，甚至抛出乘坐电动汽车会造成身体伤害等没有根据的说法，让消费者感到担心害怕从而拒绝购买。

我国汽车产业正处于剧烈的变革时期，各技术路线的厂家争取市场的博弈异常激烈。传统燃油汽车、插电式混合动力汽车、增程式混合动力汽车、纯电动汽车等各类制造厂都参与到市场博弈中，尽可能多地争取用户。由于近年来电动汽车的快速发展，燃油汽车生产商和经销商相对来说更为难受，他们的市场在快速萎缩。电动汽车虽然增长很快，但也不是谁的日子都好过；卖得多的往往好过一些，至少得到了市场份额。但是，无论是谁，都面临着高度紧张的市场博弈，不

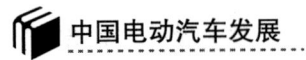

仅要同相同技术路线的产品竞争，也要同不同技术路线的产品竞争，因为在一段时间内，市场的空间是有限的，自己争取得多，就意味着别人失去得多。

类似于在观念领域的站队现象，近年来，市场上还存在为产品和技术路线站队的现象，即一旦被某个技术路线吸引，那么，就认可这一技术路线，从而贬低别的技术路线。这种技术路线之争自古有之并可能长期存在，但在自媒体和信息碎片化时代被大大加剧了。这种现象使市场的争夺变得更加惨烈，因为一旦获得一个用户，就意味着有更多的机会持续很长时间拥有该用户，用户比过去更加忠诚了。

为了赢得未来，各厂家都不由自主地卷入了一场看起来旷日持久的"宣传战"中，想尽了各种各样的营销办法，使用了种类繁多的营销手段，以增加销量、扩大市场份额，通过规模效应摊薄成本，从而提高竞争力。市场博弈已经白热化。

第一节　主题日

近年来兴起的一批具有互联网思维的汽车制造业创业者积极发挥自身优势，充分利用自媒体流量影响社会大众，扩大或者争夺市场。举办名目多样的主题日就是这种努力的尝试。

蔚来汽车自 2017 年起，每年都举办一次"蔚来日"，内容主要是发布新车，并为其用户提供一次聚会交流的机会。举办类似的主题日，不仅拉近了企业与用户的距离，也为增进用户对企业的了解提供了窗口，同时更是一次推广产品的机会。每年举办"蔚来日"发布新车时，蔚来都会收获一批订单，并且吸引一批潜在用户的关注。

后来，随着技术积累和业务增加的需要，除了每年例行的蔚来日外，蔚来汽车还视情况举办了"蔚来能源日""蔚来科技日"等更加聚焦的主题日。这些主题日虽然没有"蔚来日"那么火爆，但也被很多媒体特别是自媒体，以及热心车主所关注，这些参加的人又通过自媒体广为发布消息，形成话题效应，往往能引起更加广泛的关注和讨论，传播效果不错。

蔚来汽车于 2023 年 12 月 23 日在西安举办的"蔚来日"，应该是蔚来汽车成立以来的高光时刻之一。这次聚会，蔚来集中展示了它们的硬核实力，发布了新一代智能换电站、智能驾驶芯片神玑 9031、天行智能底盘系统以及行政旗舰车型 ET9，加之此前发布的整车全域操作系统天机 Sky OS。这些对中国汽车工业而言都具有里程碑意义，也展示了蔚来作为一家新创汽车企业的远大抱负以及对极其有限的资金的高效使用。在车辆销售量并不是很大的情况下，蔚来拿出了如此系统的基础性、战略性科研成果，十分不易。

回顾过去，除最初的畅想与美好前景的展望外，蔚来一路走来，一路被质疑，其中被质疑最多的是企业连年亏损。蔚来给了很多比较隐晦的解释，大意是作为一家秉持长期主义的企业，只有前期保持足够的投入，才能跟上时代的步伐，才能在未来的竞争中立于不败之地，正如一个处于学习阶段的孩子一样，要做的是花钱培养，而不是让他挣钱养家糊口；或者是建设一座摩天大楼，打地基既花钱也花时间，但后期就会很快见成效。

2023 年的"蔚来日"，让蔚来的支持者备感振奋，让业界受到激荡，也消除了很多游离者的疑虑，包括一些不看好蔚来的人都对其另眼相看了。毫无疑问，这对于企业增强信心、赢得更多消费者有很大好处。据蔚来公司高管透露，当天其售价 80 万元的旗舰车型收获的订单远超过预期。

蔚来的这一做法，在其他车企也存在。

2023 年 6 月 17 日，理想汽车举办了"理想家庭科技日"活动，公布了多项技术，包括高压纯电、智能空间、智能驾驶，提出了极其富于营销特点的"充电 9 分 30 秒，续航 400 公里""自研 Mind GPT

加持的 AI 助手能读懂图片""中国首个不依赖高精地图的城市 NOA""通勤 NOA",等等;还发布了旗下首款纯电 MPV 车型 MEGA。用于 MEGA 车型的 5C 充电桩、首个不依赖高精地图的城市 NOA、首款纯电车型 MEGA 等,都引起了广泛争论,同时也带来了巨大流量。在此后持续约半年的时间内,这些争议性话题难分胜负,但似乎并没有影响理想汽车的销售。直到后来小鹏汽车推出其 MPV 车型 X9,华为、蔚来相继推出更高水准的充电桩技术,以及其他企业在自动辅助驾驶领域的持续发展和对宣传的大力度投入,这一热度才有所减退。

华为问界新 M7 发布会无疑是 2023 年最为火爆的发布会。该次发布会后,不到 25 万元起售价格、贴上华为标签的问界新 M7,以日增数千订单的成绩傲视汽车圈,也将华为系新车的火爆热度直接推上云霄。很多油车簇拥者因为华为发布的增程式混合动力汽车,开始改变了对电动汽车的态度。

继问界新 M7 发布会后,问界 M9 发布会也让业界十分期待。华为于 2023 年 12 月 26 日举办问界 M9 发布会。华为终端 BG CEO、智能汽车解决方案 BU 董事长余承东表示,问界 M9 搭配六座均权头等舱座椅以及三联屏,"全尺寸、全智能、全场景,问界 M9 将会重新定义智能汽车"。

2023 年下半年的华为,在汽车行业光彩照人。但在此之前,它也走过了艰难的路。以华为公司的影响力和在公众中的形象,这一切都有利于它在任何领域开疆拓土。但是,在差距较大的情况下,消费者总体上还是更愿为产品力买单。因此,纵然华为此前曾推出了问界系列产品,但反响比较平淡,在市场竞争中并没有取得人们所期望的地位。从 2018 年到 2023 年,华为在汽车领域的宏大梦想至少蛰伏了 5 年。

自 2019 年起,每年的 10 月 24 日小鹏汽车都举办科技日,这也是小鹏汽车成立的日子。

小鹏汽车 2019 年科技日的主题为"天生，智能"，在这次活动上发布了小鹏汽车智能化运营报告，从驾驶辅助、AI 交互与车载应用、整车 OTA 升级、数据运营与智能服务四个方面进行展示。小鹏汽车2020 年科技日主题为"万千可能，始于智能"，2021 年科技日的主题为"智能为先，探索无界"，2022 年科技日的主题为"从预见，到不止遇见"，2023 年科技日的主题为"愿我预见，皆为现实"。在2023 年主题活动日上，小鹏汽车宣布其全新的 XNGP 智能辅助驾驶系统即将投入使用，第一阶段开放 20 个城市，年内增至 50 个城市；与此同时，无高精地图区域的城市导航辅助驾驶功能将逐步开放。此外，小鹏汽车还发布了全新的人机共驾座舱系统 XOS 天玑、自研 XGPT 灵犀大模型，并接入了语音系统。科技日主题活动，对于专注于技术特别是自动辅助驾驶研发的小鹏汽车而言，是一次阶段性总结，也是对企业形象的展示与推广，展示了企业某些方面的独特性与可能性，更是小鹏汽车支持者的盛宴。

2023 年底关注度很高的另一场发布会是小米汽车发布会。作为手机大厂，小米公司创始人和董事长雷军在国内拥有众多支持者。现在，小米手机携公司多年积累的号召力和"生态造车"理念，进入汽车制造行业，势必掀起不小的波澜。小米如何定义汽车、小米长期以来形成的产业生态如何赋能、车辆如何定价等，都是业界高度关注的话题。

2023 年 12 月 28 日，小米汽车技术发布会举行，主题为"而今迈步从头越"，表明了其志在必得的雄心与决心。从发布会来看，小米汽车主打"人车家全生态"，利用其在手机和家电领域的积累和沉淀，打通汽车、手机和各类家电的智能化链路，为用户创造良好的使用体验。按照小米公司在发布会的说法，几大系统之间可以像交响乐团一样，主动协同，适时响应。这种做法得到了不少人的支持，尤其是小米的支持者更感到振奋。

小米的"人车家全生态"能赢得竞争形成压倒性优势吗？一时间

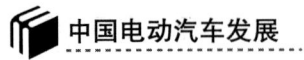

很难有人回答这个问题。此前，小米手机已经与家电形成了全生态链接，但是，无论是小米手机，还是小米家电，都未能取得行业龙头地位，所以，在前者基础上推出的小米汽车的表现还需要时间观察。

除了"人车家全生态"体系，"初出茅庐"的小米在研发上也投入颇多。比如，推出了小米超级电机 V6/V6S，拥有 21000rpm；发布了超级电机 V8s，拥有 27200rpm、峰值功率达 425 千瓦，将于 2025 年上车，并在实验室预研实现激光缠绕转子技术 35000rpm。

与电机相比，比较值得一提的是小米的轿车风阻系数做到了 0.195，是已知全球轿车中最低的。对于电动汽车而言，大约需要消耗 40% 的能源用于克服空气阻力。空气阻力受到空气密度、车速、迎风面积以及风阻系数的影响，这些因素的数值越大，在行驶中的阻力就越大。风阻系数关乎能耗，风阻系数越低，能耗越低，消费者用起来越从容。当然，汽车除了考虑低风阻系数外，还要综合考虑外形、空间等功能，以及传感器的布局，是各方面综合平衡与妥协的结果。如果在外形、空间等方面都能很好地满足消费者需求，传感器的布局能够充分发挥其功能作用，同时又能做出很低的风阻系数，需要很高的水平。小米此次发布的 0.195 的最低风阻系数就是在其 SU7 车型无激光雷达版本上实现的，这必然就牺牲了传感器的传感效果，使车辆的自动辅助驾驶功能受到一定影响。比较遗憾的是，小米并没有说明搭载激光雷达的 SU7 车型风阻系数是多少。

小米汽车在零百公里加速时间方面表现优异，低至 2.78 秒，这是一个相当出色的成绩。与燃油车相比，这个成绩可以超过很多跑车了。但是，由于电动汽车技术上的天然优势，不少品牌的汽车都能到 3~4 秒的零百公里加速，所以，这个成绩估计不会给小米汽车带来显著的竞争优势和市场吸引力。

在车身扭转刚度方面，小米汽车宣布其 SU7 的 51000N.m/deg 为全球第一（但有人表示质疑，理由是蔚来 ET9 在不久前发布时宣称的车身扭转刚度为 52600N. m/deg。尽管蔚来 ET9 正式上市的时间要晚一些，但毕竟二者都还未交付）。小米发布会的宣传说辞，在其众多的第一中又增加了一个，显然有利于增强传播效果。在技术不断推陈出新快速迭代的情况下，这种说法并不会引起太大的非议，车企也不可能因为这些事情对簿公堂。

车身扭转刚度是体现汽车性能的一个重要指标，指车身在受到外力作用时抵抗自身弹性形变的能力，这个指标越高，意味着车辆的安全性和舒适性也越好。

除了车身扭转刚度，小米发布会的另一项世界第一也引起了争议，就是采用 9100 吨压铸机。小鹏汽车官网公开数据显示，小鹏 X9 使用的是 12000 吨一体化压铸后地板，远超小米宣称的 9100 吨。这项由特斯拉开创的技术，被中国汽车企业作为凸显自身技术实力和竞争优势的重要指标。

小米在发布会上，自信地描绘出了其宏伟的汽车蓝图，要用 15~20 年的时间，成为全球前五的汽车企业。联系到蔚来汽车相对含蓄的表述，中国至少已有两家新造车企业表达了在今后 15 年左右成为全球汽车前 10 强的愿望。目标是否能实现当然具有不确定性，但梦想得有。

2023 年 12 月 26 日，华为公司举办了问界 M9 中大型 SUV 发布会。近年来，华为一向以"中国科技底座"的美誉为人称道。在发布会前，人们普遍好奇华为这次能推出什么样的科技成果，特别是颠覆性的技术创新。问题是，除了芯片、操作系统、底盘和电池技术外，对汽车而言，还有什么革命性的技术可以让人感到惊叹的呢？前两者，华为已经自研了，赢得了它应得的欢呼和掌声。难道华为会在底盘和电池方面放出大招？但可惜的是，从发布会的情况来看，没有出现预想的大招。令人印象较深刻的是满车的大屏、"猫头鹰"转向系统（据称转弯半径为 5.8 米），以及推出了纯电版本。坦率地讲，这次的发布会内容令一些期望值超高的人感到有些失望。特别是与同月 23 日

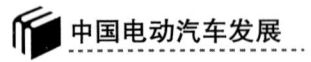

蔚来的发布会相比，在技术层面并没有特别令人感到为之一振的东西。反观蔚来的发布会，满满的"行业领先"甚至"世界第一"，让蔚来的支持者大呼过瘾。

华为推出纯电版问界 M9 本应能成为惊喜，可惜是与增程式混合动力汽车一并推出的，价格还高出 4 万元左右。如果这次只推出纯电版，那么，在纯电动汽车处于相对低潮的时候，无异于给予了市场莫大的信心加持，以华为的号召力，既可以卖出不少，也可以带动整个纯电动汽车行业的发展。但华为没有专门这样做，而是同时推出了市场接受程度更高的增程式混合动力汽车，显示了华为的务实与市场导向偏好。

不过，作为市场行为，华为的这次发布会无疑是成功的，两个小时后，华为就收获了过万的订单。作为一款标价 46 万元以上的车，这是一个相当了不起的成绩。

这次发布会的另一个焦点是，问界 M9 对理想 L9 的影响有多大。两款车同为大中型 SUV，同为市场更加能够接受的增程式混合动力汽车，虽然 M9 贵一些，但毕竟作为新品，具有更高的科技含量，且拥有华为光环加持。如果 L9 能够顶住华为的攻势，将会一战成名，足以表明其汽车设计理念的前瞻性、对市场敏锐的洞察力以及优秀的市场营销能力。如果华为在今后的市场中保持价格坚挺以立足于塑造高端品牌形象，而理想通过各种灵活方式采取力度较大的终端优惠以维持销量和市场基本盘，则另当别论。

第二节 价格

当蔚来汽车宣布其将于 2025 年第一季度开始交付的 ET9 售价为 80 万元时，争议和嘲讽也出现了。很多人质疑，怎么卖这么贵。这款被蔚来定义为行政旗舰和技术旗舰的汽车，对标奔驰 S 级等，其支持者认为物有所值，他们还隐晦地说："需要车替自己说话的买 X5，不需要车来说话的买 ET90。"不难听出这句话里边的独特意味。有人更加直白地搬出了《消费者行为学》上的话："通过购买来获得他人认可，是一种比较初级的消费行为。"

尽管通过购买来获得他人认可被认为比较初级，但在我国却一度十分普遍，现在也仍然广泛存在。很多人之所以买名牌汽车，就是想以此获得他人的认可与尊重。有一位旅居西部某省会城市的外省客商，也对某品牌的电动汽车十分认可。然而，他的业务十分困难，急需现金，生活上也很节俭，电动汽车则可以降低开支，有意向通过置换的方式减少日常支出。但是，他思虑再三，还是舍不得手中十多年前购买的保时捷，并含蓄地说出了保时捷汽车是他所在圈子的一种身份需要。

多年来中国汽车产品的售价总体上呈现一种逐渐上升的态势。车企一般推出新的车型时，技术有了迭代，内饰等也采用了新的设计和材料，价格往往会高一些。价格也有下降的时候，但主要是个别车企的个别品牌搞促销，或者为了清空库存迎接新车的到来。从消费者的角度出发，一般买新车时都会比其之前的车价格高一些，总体表现出消费升级的态势，通过这一方式意在说明日子越过越好。除特别个别的情况外，家庭用车越来越贵。

2023 年，车企经历了持续不断的价格调整过程。当年 1 月，由于电动汽车国家补贴退出，部分汽车企业掀起了涨价潮。但特斯拉却在几天后推出了其历史上幅度最大的让利，国产 Model Y 长续航版降价达 4.8 万元。不过，由于特斯拉此前进行了多轮降价，行业见怪不怪，并没有掀起很大的波浪。

2023 年 3 月开启的价格调整却掀起了一整年的波澜。

2023 年 3 月初，可能是为了扭转 2022 年的经营状况，东风集团 2022 年实现销售收入 926.63 亿元，同比减少 18.12%；股东应占溢利

102.65 亿元，同比减少 9.9%；销售汽车约 246.45 万辆，同比下降 11.2%。东风汽车掀起了年内第一轮降价潮，其车价下降了 5000 元至 9 万元，幅度之大，近年罕见。东风汽车售价本来就属于中间范围，不太高，如此大的降价幅度，吸引了全国消费者的广泛关注。这轮降价据称是为了保产量以及保工人工资，是为渡过经营难关的阶段性做法。降价的效果显而易见，东风汽车一度出现了一车难求的情况，达到了促销的目的。

但降价的后果也很明显，其他一些地方迅速跟进，降价潮席卷整个汽车市场，一发而不可收。如果说 2023 年汽车市场有什么特点，降价肯定是其中之一。车企之间赛跑式降价、同一车型多次降价、消费者期盼新车降价成为普遍现象。紧随东风汽车之后，包括上汽、一汽、长安、奇瑞、北京现代、上汽大众等数十家车企卷入其中。长安汽车于 2023 年 3 月 10 日宣布启动百亿惠民购车季，5 款车型参与补贴，最高补贴 3.2 万元；3 月 17 日，长安汽车促销再次加码，热销车型现金直降至高 30000 元，限时综合优惠至高 33000 元。华为问界 M7、M5 降价最高达 3 万元；小鹏汽车降价最高达 3.6 万元；吉利帝豪降价 3 万元；上汽荣威降价最高达 5 万元；哈弗、广汽埃安等本来售价不高的车型也降价 5000 元至 1.5 万元。除了国内厂商外，外资品牌也纷纷降价，奥迪 A7、Q6、Q5 等车型最高降价 16 万元；宝马 i3 降价 10 万元；奔驰 C 级降价 6 万元，E 级降价 5 万元；雷克萨斯 UX 降价 10 万元。此次降价潮，卷入品牌之多、降价幅度之大，无论是经济适用车型，还是高端品牌和豪华品牌，无一幸免，为中国汽车市场历史上所罕见，也引起了世界汽车市场震惊。

不降价就很难应对市场竞争，车就很难卖出去，就会丢失现金流，导致企业经营困难。但大幅度的降价卖车，影响企业利润，很多甚至亏本卖，影响了产业的健康发展。

为了避免疯狂的价格战失控，在中国汽车工业协会于 2023 年 7 月主办的第 13 届中国汽车论坛上，16 家车企联合签署《汽车行业维护公平竞争市场秩序承诺书》，达成"不以非正常价格扰乱市场公平竞争秩序"的意见。16 家车企包括一汽、东风、上汽、长安、北汽、广汽、中国重汽、奇瑞、江淮、吉利、长城、比亚迪、蔚来、理想、小鹏、特斯拉。

后来，在社会压力等因素的影响下，协会以"不以非正常价格扰乱市场公平竞争秩序"涉及"价格"表述不当、有违《反垄断法》精神为由，很快删除了相关条款。删除后的内容主要包括：坚持遵守行规行约，规范市场营销活动，维护公平竞争秩序；注重营销宣传方式方法，不夸大宣传、不虚假宣传，不为吸引眼球、增加获客而对消费者进行误导性宣传；弘扬社会主义核心价值观念，积极履行社会责任，在稳增长强信心防风险等方面积极担当，勇挑重担，携手为国民经济增长作出重要贡献。《承诺书》虽然删除了"价格"这一敏感词的表述，但还是隐约含有希望不要降价竞争以稳定信心和防止风险的意图。不过，在惨烈的市场竞争面前，《承诺书》的作用收效甚微。大众、特斯拉和凯迪拉克等知名汽车制造商很快宣布降低其电动汽车型的价格。

进入 8 月，新一轮价格战开启，以备战"金九银十"。上汽大众、零跑、特斯拉、哪吒等 10 多家车企以现金优惠和增加购车权益的形式加入了降价潮。"金九银十"期间，众多车企又推出优惠措施。

比亚迪是 2023 年非常高光的车企，其销量突破了 300 万辆。但这样的高成长性车企，也卷入了价格战，并且将此视为争夺市场机会的有力武器。比亚迪董事长王传福表示："当下是快鱼吃慢鱼的时代，不是大鱼吃小鱼的时代，车企在未来 3~5 年如果没冲上去，就没机会了。未来 3~5 年内，车市整体或不同细分市场会持续开打价格战。" 2023 年 2 月，比亚迪旗下秦 PLUS DM-i 价格首次下探至 10 万元以内。除秦系列外，比亚迪汉系列最高降 2 万元，由 20 万元以上市场转向 20

万元以下市场。到 2023 年 12 月，比亚迪在前期降价的基础上，进一步下调了有关车型价格，最高优惠 2 万元，其中秦 PLUS DM-i 直降 1 万元，限时售价 8.98 万元起。

2023 年 12 月 4 日，上汽大众官方公布最新购车优惠政策，即日起至 2023 年 12 月 31 日，购买途昂最高综合优惠 58000 元，购买朗逸最高综合优惠 30000 元，购买途岳最高优惠 38000 元，购买帕萨特最高综合优惠 40000 元，优惠幅度都不小。

异军突起，增长迅速的新能源汽车领域，亦未能幸免于降价潮的冲击。作为为数不多受市场追捧且完成了销售目标的理想汽车，一直在采取各种优惠方式促销，最多时事实上降价达 4 万元左右。一直坚持走高端路线的蔚来汽车，不得不采取变相手段调整价格，于 2023 年 6 月 12 日宣布取消其过去长期坚持的终身免费换电权益，相应地，全系车型起售价格下调 3 万元。2023 年 12 月 18 日，小鹏汽车 P7i 全系车型在 12 月上旬综合优惠高达 2.6 万元；G9 随后也跟进降价最多优惠 1.9 万元；G6 全系减免 1 万元，起售价下降至 19.99 万元，直接击穿了 20 万元线。

但从长远来看，降价的效果并不尽如人意。从带头降价而且降幅很大的东风汽车来看，并没有带来全年销量的提升，2023 年累计销量为 208.82 万辆，同比下滑 15.27%，其中东风集团股份乘用车全年累计销量为 174.48 万辆，同比下滑 19%。

如果说降价带来的销量增长具有不确定性，那么其造成车企利润损失是肯定无疑的。由于降价，特斯拉汽车 2023 年第一季度毛利率为 19.3%，第二季度降至 18.2%，第三季度下降至 17.9%、较上年同期下降 7.2 个百分点。

一轮接一轮的降价潮，制造出了强烈的心理惯性，降价成为一种预期。这种状况使财力雄厚、支持者众多的小米汽车未能轻易发布其首款汽车的价格。2023 年 12 月 28 日，在小米汽车技术发布会现场，众多参与者喊出了 9.9 万元的价格，创始人雷军很勉强地笑称："9.9 万元不可能，14.9 万元也不可能。"但到底是多少，没敢轻易说，自始至终只说汽车技术，未定汽车价格。

　　2023 年的汽车大降价，原因是多方面的。首先，受各种因素的影响，导致产业链和供应链调整重置，干扰了正常的经济发展进程，经济活动减弱，人们收入受到影响，消费能力和消费意愿随之减弱。消费能力和消费意愿减弱首先冲击的是大件消费品市场，在汽车消费领域表现为消费延后和价格走低。其次，电动汽车对行业的冲击巨大。与燃油汽车相比，新能源汽车在操控性、使用过程中的经济性以及智能化方面，都有较好的体验和感受，越来越得到消费者的青睐和认可，市场增速很快，近年来各类动力形式的电动汽车至少保持了 30% 以上的增速（受新冠疫情冲击的个别年份除外）。相比之下，燃油汽车销量要么下滑要么增速很低。在这种情况下，燃油汽车企业只有通过降价来保住市场。一旦打开降价的魔盒，市场就会出现连锁反应，波及电动汽车，从而蔓延至全行业。最后，市场竞争加剧。近年来，我国汽车产业经过了多年的高速成长，产生了很多家汽车企业。光有一定规模的本土品牌就达 10 家以上，如蔚来、小鹏、理想、零跑、哪吒等。除了本土品牌，合资品牌、外资品牌也很多。另外，各地政府为发展本地经济，也鼓励发展汽车产业，因为这一产业产值高，链条长，带动能力强，甚至不惜为此提供土地、融资等优惠条件。据不完全统计，在国内销售的汽车品牌超过 130 个，车型超过 1000 款。如此众多的品牌和车型，要想在市场竞争中胜出，除了做好产品和宣传推广，价格竞争难以避免。

　　价格竞争的结果影响多元而复杂。从消费者角度来看，短期而言毫无疑问是受益的。竞争越是激烈，厂家让利越多，消费者得到的实惠越多，能够花较少的钱买到较好的产品。但长期影响则具有不确定性，要看降价对行业的整体影响如何。从厂家情况来看，则要视情况

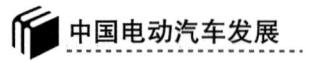

而定。有的厂家能够在保证一定利润的情况下多卖车，虽然因为让利而可能导致单车利润下降，但总体利润有可能更高，这有利于企业经营。有的厂家虽然还保持了单车利润，但总体利润可能降低，导致经营效益下降。有的则可能降价之后亏损卖车，这就会使厂家失去"造血"能力，因为同一车型降价之后很难涨价，除非迅速推出新车型并得到市场认可，否则对其经营的负面影响十分严重。从行业来看，大范围、长时间的降价，会加速优胜劣汰。那些体量小、融资困难的企业，将很难扛住持久的价格战，最后会因为经营困难而退出市场；而那些体量大、融资能力强的企业，则有希望穿越降价周期，并因此而获得更大的市场份额，进一步增强实力和竞争力。不过，在全球化视野下，局部市场的恶性竞争可能对一个国家内部的企业造成不利影响。那些拥有较大国际市场的车企，可以从国际市场获得利润以支撑其在国内的价格战。

2023 年，整个汽车行业竞争激烈，对汽车行业来说是很大的压力与挑战，对纯电动汽车尤其如此。有人说，汽车"卷"价格，对消费者有利。的确，从短期来看是这样的，但是，从长期来看却是不利的，因为降价幅度太大，汽车失去了合理的利润空间，甚至没有利润，影响了持续投入，进而影响服务体系建设、服务质量、软件维护、后续车辆开发等；同时，也不利于国际竞争。尽管全球化进程受到很大影响，但对外开放仍然是我国发展的重要举措，汽车产业发展也必须保持开放态度，到国外更广阔的市场参与竞争。国内大打价格战的方式必然会蔓延到国际市场，这会导致在与其他国家和地区的产品竞争时处于被动局面，毕竟美国、日本、德国、韩国等汽车强国还占据着世界汽车市场相当重要的地位。如果国内汽车市场不能形成良性竞争环境，在国际上将面临被击败的风险，正如当年的摩托车一样。我国摩托车出口曾一度十分红火，但就是因为国内厂商为抢占国际市场在外大打价格战，最后大家都受到了影响，反而使日本等摩托车厂商巩固了在国际摩托车市场的地位。这样的教训不可谓不深。

在不断的跌价声浪中，华为汽车于 2023 年 12 月 26 日的发布会让人看到一些不一样的迹象。与社会普遍预期华为问界 M9 的起售价将低于 45 万元以在与理想汽车的竞争中抢占有利地位不同，华为公司宣布的起售价为 46.98 万元。这样的定价让理想汽车松了口气。但从后来的效果看，华为的订单没有受到较高定价的影响，发布会结束后 2 小时大定破万辆，上市七天后大定破 3 万台。

华为的表现能为惨烈的价格战画个句号吗？答案是否定的。

2024 年 1 月 1 日，小鹏汽车举行旗下车型 X9 发布会。除了展示该车型的各种先进技术、自动辅助驾驶强项以及车内空间等优点和特点，小鹏汽车在新年第一天就使用了"价格屠刀"，宣布 X9 起售价为 35.98 万元，低于其此前宣布的预售价（38.8 万元）近 3 万元，也比很多人的预期（37 万元左右）低。当起售价格被宣布后，现场一片欢呼，很多人纷纷锁单和下单。发布会还未结束，大定数量就达到 5000 辆。

小鹏汽车的价格策略，显示了价格仍然是市场最有效的杠杆，要想撬动市场卖好车，最重要的是价格要便宜或者说实惠。小鹏汽车开年第一枪，预示着 2024 年汽车市场的价格战仍然激烈。小鹏汽车之后，理想汽车、蔚来汽车等都宣布了幅度较大的价格下调，尽管都以将推出新车为由降低老款车辆价格，但降价却也是不争的事实。

第三节　中国电动汽车世界市场前景

今天的中国电动汽车市场，不幸的是行业竞争激烈，很多企业叫好不叫座，赚不了钱；幸运的是，残酷的生存竞争使汽车软硬件迭代加速，发展很快。由于品牌等多方面原因，中国电动汽车在销量上还无法与特斯拉相提并论。但不少专业人士认为，在电动汽车时代，虽然特斯拉汽车仍然一枝独秀，但中国的企业已然抢得了先机。的确，在车机娱乐系统、基于本地环境的自动辅助驾驶、售后服务等方面，中国不止一个品牌的电动汽车已经走在了特斯拉前面。

蔚来汽车创始人李斌更是做出了大胆而具体的预测，他认为，在2035年左右，在全球的十大汽车企业中，有5家会是中国汽车企业；当然他希望蔚来是其中之一。小米董事长雷军在还没有正式发布其汽车产品的时候，明确表示："小米汽车的目标，就是通过15~20年的努力，成为全球前五的汽车厂商，为中国汽车工业全面崛起而奋斗"。

从2022年销量来看，世界十大汽车企业包括：丰田汽车，全球销量约为1050万辆，同比增长1.4%，位居榜首；大众汽车，全球销量约为990万辆，同比下降4.5%；本田汽车，全球销量约为440万辆，同比增长6.4%；日产汽车，全球销量约为400万辆，同比下降6.9%；雪佛兰汽车，全球销量约为360万辆，同比下降1.5%；现代汽车，全球销量约为350万辆，同比增长5.4%；福特汽车，全球销量约为340万辆，同比下降7.6%；宝马汽车，全球销量约为240万辆，同比增长6.8%；奔驰汽车，全球销量约为230万辆，同比增长7.5%；特斯拉汽车，全球销量约为190万辆，同比增长50%。从销量来看，比亚迪汽车2023年达到300万辆，成功挤入前十。

2022年蔚来汽车的销量仅为12.25万辆，与前十差距巨大。但在行业处于剧变的时代，12年的时间足以改变很多。12年前，有谁又能想到，特斯拉会成为全球市值第一的汽车公司呢。如果李斌的预测成为现实，那么，无论其掌舵的蔚来汽车是否挤进世界销量前十，都宣告汽车产业一个全新时代的来临——中国汽车实现了傲视群雄的壮举，这在不久前根本难以想象。

从2022年的营业收入来看，全球十大汽车企业依次为：大众汽车，营业收入2936.8亿美元，净利润152.2亿美元，净利率5.18%；丰田汽车，营业收入2745亿美元，净利润181.1亿美元，净利率

6.60%；Stellantis 集团，营业收入 1888.9 亿美元，净利润 176.7 亿美元，净利率 9.35%；福特汽车营业收入 1580.6 亿美元，净利润−19.8 亿美元，净利率−1.25%；奔驰集团，营业收入 1577.8 亿美元，净利润 152.5 亿美元，净利率 9.67%；通用汽车，营业收入 1567.4 亿美元，净利润 99.34 亿美元，净利率 6.34%；宝马集团，营业收入 1500 亿美元，净利润 188.7 亿美元，净利率 12.58%；本田汽车，营业收入 1249.1 亿美元，净利润 48.13 亿美元，净利率 3.85%；上汽集团，营业收入 1106.1 亿美元，净利润 23.96 亿美元，净利率 2.17%；现代汽车，营业收入 1104.1 亿美元，净利润 57.05 亿美元，净利率 5.17%。中国上汽集团位列第九。

从销售额来看，大众汽车、本田汽车、宝马汽车、福特汽车、丰田汽车、日产汽车、通用汽车、菲亚特克莱斯勒汽车、奔驰汽车近年来都表现优异。与数量相比，营业收入更具有说服力，它表明一家企业在世界范围内的竞争力，或者一国（地区）汽车的相对整体实力。如果能有更多的企业在营业收入上进入世界前十行业，那么，中国汽车产业由大变强就成为现实。

从 2023 年 5 月 21 日市值来看，全球十大车企依次为：特斯拉，市值为 7855.6 亿美元；丰田汽车，市值为 2289.0 亿美元；大众集团，市值为 1113.8 亿美元；戴姆勒奔驰，市值为 760.8 亿美元；宝马集团，市值为 567.3 亿美元；通用汽车，市值为 564.0 亿美元；福特汽车，市值为 540.2 亿美元；Stellantis 集团，市值为 473.0 亿美元；本田汽车，市值为 425.9 亿美元；法拉利，市值为 356.5 亿美元。从该时点来看，我国汽车企业中没有进入前十的企业。但在此前几年，蔚来汽车、比亚迪汽车等的市值曾一度位列前十，并获得前五的位置，可惜持续时间较短。

市值虽然没有销量和销售额那么实在并如实反映当前现状，但它代表了市场对企业未来发展的信心。较高的市值，有利于扩大影响力，起到宣传推广的作用，也有利于融资进行技术改造和扩大生产规模。凭借完整的供应链体系、充分的竞争和巨大的国内消费市场，随着汽车产业，特别是电动汽车产业的发展，我国汽车行业不久之后一定会有车企进入并稳居全球市值前十行列。不确定的风险是，地缘政治的不确定性可能会迟滞这一进程，并在一定程度上影响我国汽车产业发展的速度。

中国发展电动汽车，从产业基础上讲，也可绕开燃油汽车竞争路线，在新的赛道上寻求新的机会。过去，燃油汽车的核心关键技术主要掌握在美国、德国、日本等手中，要想在燃油汽车产业，特别是高端燃油汽车产业方面取得突破，十分困难。但是，电动汽车因为结果相对简单，中国的起步时间也不是很晚，取得产业突围的机会自然要大很多。

然而，我国电动汽车个别车企虽然取得了耀眼的成绩，但主要还是依赖国内市场支撑，在国际市场的知名度和影响力不高，直至今日仍然没有多大突破。

2016 年，美国汽车杂志 *Aurtoevolution* 评出的全球十大最佳电动车（以性价比为重点）为美国特斯拉 MdodelS、美国雪佛兰 Bolt、法国博洛雷 Bluecar、美国福特福克斯电动车、韩国起亚秀尔、德国宝马 i3、德国大众 e-Golf、德国奔驰 B250e、日产聆风、法国雷诺 ZOE。我国没有一款入选。

长期以来，我国汽车产业不要说出口，就与外资品牌及合资品牌相比，很多人都没有信心。事实上，直到今天，国内品牌仍然没有在国人心目中建立起足够的价值认同。在很多人看来，中国汽车品牌就是低价、低端、低品质的代表。不过，中国汽车生产企业很久以来一直瞄准海外市场，并耕耘不断，慢慢开花结果，最终一定会蔚然成风。值得一提的是，中国 2010 年以后新创建的汽车企业，很多一开始就立足全球视野，瞄准了海外市场。蔚来、小鹏、哪吒等汽车都纷纷走向海外，并取得了一定成绩。蔚来汽车锚定高端路线，首先瞄准高端汽车扎堆的欧洲市场，在挪威、德国、荷兰、瑞典等地建立了销售网络，并铺设了换电站。虽然截至目前销量并不大，但却得到了专业人士的肯定，在欧洲严苛的测评中受到好评，也得到了部分消费者的认可；来自比利时等海外的用户甚至参加了 2023 年西安"蔚来日"活动。

2023 年，中国汽车出口数量首次跃居世界第一。2023 年全年，中国出口汽车共 522 万辆，首次超过日本，成为全球出口汽车数量最多的国家，比第二名高出了 80 万辆，一鸣惊人。不仅数量增长快，而且出口汽车的质量也在提升，尤其是进入智能电动汽车时代后，中国在汽车电子应用领域的优势将得到充分发挥，为中国汽车在世界市场的表现增添更多亮色。

不过，中国汽车要在国际市场上站稳脚跟并稳健发展，还需要高度关注以下几个问题：

一是地缘政治冲突。正如其他任何行业一样，经济发展受到国际关系的影响。以中美之间为例，美国汽车可以在中国市场销售，且特斯拉还可以在中国独立建厂，但中国汽车却未能获得在美国销售的资格。这种情况何时能够改变、是否会蔓延到其他国家等不得而知，但风险不可忽视。韩国是一个汽车出口大国，但其国内汽车消费具有十分明显的民族主义特征，很多韩国人只愿意购买韩国汽车品牌，其他国家汽车品牌很难进入韩国市场。对中国品牌而言，汽车消费正在迅速增长的印度汽车市场也有较大不确定性。中国与印度都是人口大国，但中国的经济体量远远大于印度，汽车消费水平也远高于印度。近年来，印度经济正在快速发展中，其在欢迎各种外资进入的同时，对中国企业似乎显得过于苛刻；加之印度正在扶持其本土汽车企业，对于中国这样具有完整供应链和成本优势的汽车产业持何种态度不得而知。

二是品牌影响力。正如在国内都还没有获得应有认可一样，中国汽车要想在国外，特别是老牌汽车强国获得承认，并非易事。从产品本身质量而言，中国汽车近年来进步神速，尤其是电动汽车质量性能更加突出，但这一点还没有得到较广泛的肯定。在国外很多人看来，中国汽车不可能做得那么好。要改变这样的认知需要时间。为什么奔驰、宝马、奥迪汽车在中国卖得特别好？除了其自身质量过硬外，品牌影响力大起了很大的作用，并且带来了很高的品牌溢价。其他品牌的汽车即使能做到奔驰、宝马、奥迪的水准，但售价不可能那么高，销量也不会那么好。这种因为品牌而存在的差异，真实且影响巨大。也正是因为如此，给中国汽车留下了发展的空间，一些品牌通过不断的学习与努力，制造出了在质量上可以媲美奔驰等知名汽车的产品，但在售价上低很多，以此吸引消费者。随着消费观念等因素的转变，一些车企明显取得了成功。只是，在中国的成功能否复制到世界市场，具有不确定性，需要时间检验。在世界范围内，德国汽车在中高端市场、日本汽车在中端市场都有数十年的成功经验，拥有很高的知名度和美誉度；美国汽车因为特斯拉的崛起再现辉煌；韩国汽车近年异军突起也具备相当的影响力；中国汽车通过多年努力实现了历史性突破；印度汽车依靠其快速增长的国内市场影响渐增；越南也想在电动汽车领域占有一席之地。这种群雄逐鹿的局面如何演变，存在诸多变数。

三是汽车文化。文化虽然是主观的，但对于人的消费行为往往是决定性的。不同国家或地区、不同收入水平以及对汽车的不同理解，深切地影响着汽车消费行为。总体而言，中国消费者喜欢汽车空间大、屏幕多、座椅软，配置冰箱，以及拥有丰富的娱乐功能。但是，这些对于汽车消费比较强劲的欧洲和北美，未必行得通。尤其是欧洲，出于环保考虑，其车辆绝大部分都比较小，与国内汽车的空间无法相比。国内规格的汽车在欧洲却很难卖，原因之一就是汽车空间太大，不符合欧洲人的消费理念。欧洲两厢车居多，而且很多停车位也比较小，就算买了大车，使用也很不方便。如何跨越不同的文化鸿沟，对于致力于开拓国际汽车市场的中国汽车而言，需要引起足够的重视。

四是竞争方式。在国内，各汽车品牌之间的竞争之激烈，怎么形容都不过分，不少车企为了卖出车去，赔本赚吆喝，卖得越多，赔得越多。从当前情况来看，竞争的激烈还将持续一段时间，直到一些企业撑不住退出市场。如果这种竞争方式蔓延到国外，可能导致的后果是使中国汽车在国际市场上的口碑受到影响并难以取得理想的结果。

过去30年，谁是全球汽车市场的赢家？从经营指标来看，日本丰田毫无疑问是最成功的。在燃油车时代以及混合动力汽车时代，丰田汽车都取得了巨大的成功。除了日本，还有韩国的现代汽车在全球销量比较好。日本与韩国在过去的成功，在本土市场表现非常突出，超过90%。

下一个10~20年，中国汽车企业在全球市场的竞争对手主要是日本、韩国企业。在这种局面下，中国车企先要在国内市场取得成功，这一点已经显示出很强的趋势，日本和韩国汽车在中国的市场份额下降很快。目前，我国有不少车企到东南亚和欧洲开拓市场，主要还是与日本、韩国汽车产品竞争。

要取得竞争胜利并不容易。国际上的汽车巨头，包括日本、韩国的大企业，也有很多优势。

中国车企要向世界前十进军，主要依靠电动汽车，而电动汽车的发展，首先面临的是与特斯拉的竞争。特斯拉是行业旗手，对电动汽车的发展起了巨大推动作用。特斯拉是效率导向的企业，拥有较高的毛利率。尽管出于多方面原因，特斯拉不断采取了降价策略以赢得更大的市场，但即使在2023年前三季度，在国内一些车企采取负毛利卖车的情况下，特斯拉仍然保持了17%的毛利率。特斯拉的表现令国内车企羡慕的同时，不得不与其竞争。虽然蔚来在30万以上的细分市场的表现远超特斯拉，但主要靠产品和性价比支撑。如果产品不够好，用户不会简单为品牌力较低的产品买账。在一些功能应用方面，特别是需要与本地场景深度融入的自动辅助驾驶方面，特斯拉也不如中国本土企业。本土车企离用户更近，适配性更好。在服务方面，特斯拉未将其作为高优先级事项。国内厂家比较重视服务。在社区创建方面，国内也做得不错。不过，这些优势，并不意味着在终端市场上会胜过特斯拉。

中国汽车相比于特斯拉汽车，目前来看还有一个优势是迭代速度比特斯拉快，至少更符合国内汽车消费的潮流。以蔚来汽车为例，在2023年的3月至5月三个月时间里，已交付了4款车型。相比较而言，特斯拉更新换代慢了很多。从理论上讲，更新越快，进步越快，竞争力越强。另外，随着竞争的加剧，特斯拉的影响力也在逐步下降。在美国，特斯拉的份额曾经达到80%，现在降到了50%左右。而在中国，其份额仅为7%左右，即使与特斯拉汽车价格差不多的车型，也得到了市场的认可，价格比特斯拉高的品牌也有销量不错的。

欧洲企业的变革决心很大，其战略能力值得学习。例如，大众与小鹏的合作、与地平线的合作，与印度马恒达的合作，在合肥设立研发中心等，都体现了它们广阔的国际视野和强大的调整能力。对中国的态度，由最初的市场目的地到供应链中心再到研发基地的变化，体现了它们的敏锐性和战略执行能力，尤其是德国的公司，在中国采取了非常务实的态度，正积极将中国的能力变成其全球能力的一部分。

日本与韩国在中国的布局比欧洲少很多，其思考的深度与战略执行力，与德国相比存在差距。但其燃油汽车规模巨大，技术积累较多，企业实力很强，在未来的国际竞争中仍然还有机会，不可忽视。

对于中国汽车而言，"出海"过程中可能需要协同机制，否则可能会浪费时代给予的机会。"内卷"到国外且表现太突出，则会有有损形象从而影响销售。"内卷"的结果，就是低水平竞争，而不是高水平竞争。

另外，在纯电动汽车面临阶段性困难的情况下，增程式混合动力汽车能够赢得国际市场吗？回答这个问题并不容易。以理想为例，这两年做得非常好，有很多值得行业思考借鉴的地方。但是，在使用体验、用车成本、环境保护等方面的原因，使增程式混合动力汽车往往被认为是一个过渡产品。就使用体验而言，增程式混合动力汽车最好的体验还是在纯电状态下。据调查，使用增程式混合动力汽车半年以上的用户，在考虑下一辆车时，绝大部分会选择纯电动汽车。欧洲的一些汽车企业负责人，认为增程式混合动力汽车是没有必要的。

汽车企业要赢得国际市场，还需要考虑产品多元化问题。这个问题，在国内争议比较大，一些人认为汽车应更多走单品爆款路线，否则会分散精力和投资，削弱竞争力。特斯拉可以说是打造单车型爆款的成功案例。还有一些人则认为，汽车消费具有个性化特征，不可能高度集中，而应差异化发展，通过提供多品牌多车型满足消费者的不同需求。典型的例子是斯特兰蒂斯集团，其旗下拥有 14 个品牌，很多人都认为品牌太多，摊子太大，没法盈利，没有未来，但去年赚了200 亿美元，现金储备 600 亿美元，财务上取得了巨大成功。

不过，汽车拼的不仅仅是技术，文化差异、品牌效应、地缘政治竞争等会产生重大甚至根本性影响。特斯拉汽车尽管改款慢、自动辅助驾驶本地化落地跟不上节奏、内饰过于简单粗糙等问题，但每个月仍然售出数万辆，远远高出其他同价位车型。

况且，其他跨国行业巨头也在加速了。德国大众深度布局中国市场，在合肥有大型生产基地，通过战略投入与小鹏汽车合作，表明它们仍然想在竞争激烈的中国市场分得一杯羹。宝马公司更是制定了雄心勃勃的十年规划：2023 年，纯电动汽车销量将占到集团公司全球年销量的 15%（考虑到该集团在世界范围内的广泛业务，这一成绩十分耀眼），2025 年下半年开始投产新时代车型，随后的 24 个月内将有至少 6 款新时代车型实现量产；2030 年，计划向全球客户累计交付纯电动汽车超过 1000 万辆。未来 10 年内，MINI 和劳斯莱斯甚至都将成为纯电动品牌，不再生产燃油汽车。

第四节　销量排行榜

2023 年的中国电动汽车市场，硝烟弥漫，每一个角落的厮杀都十分惨烈。所谓的"新势力"周销量排行榜就是其中之一（见图 9-1）。

排行	品牌	销量
01	理想	1.21万
	理想L9	0.34万
	理想L8	0.38万
	理想L7	0.49万
02	问界	0.60万
03	零跑	0.42万
04	蔚来	0.41万
05	小鹏	0.39万
06	深蓝	0.38万
07	极氪	0.28万
08	智己	0.23万
09	腾势	0.23万
10	岚图	0.17万

注：本文所指销量与每月1日发布的交付量数据统计口径不同。

图 9-1　2023 年 12 月 18—24 日中国市场新势力品牌销量

从上面这张名叫新势力品牌销量的排行榜中，可以看出，理想汽车高居第一，而且销量远高于第二名，很好地展示了市场认可度和影响力，对于提升品牌的势能有不小作用（见图 9-2）。

排行	品牌	累计销量
01	比亚迪 7.38-34.28万	6.42万辆
02	特斯拉 26.14-83.89万	1.82万辆
03	五菱汽车 3.28-19.8万	1.37万辆
04	理想汽车 31.98-45.98万	1.21万辆
05	埃安 11.98-46.96万	0.86万辆
06	大众 8.79-79.38万	0.68万辆
07	AITO 24.98-37.98万	0.60万辆
08	零跑汽车 5.99-20.98万	0.42万辆
09	蔚来 29.8-59.8万	0.41万辆
10	小鹏 14.89-41.99万	0.39万辆

易车榜　掌握周销量，易车App每周二下午更新　易车

图 9-2　2023 年 12 月 18—24 日中国新能源市场品牌周销量 TOP10

图 9-2 的排行榜是知名汽车网站易车网发布的，其中比亚迪高居第一，且比第二名高出许多；而第二名为特斯拉。图 9-1 虽然叫“新势力”，但进入排行榜的全部为电动汽车。

不少行业人士，包括车企，对有的排行榜不满意又很无奈。不满意在于，如何定义“新势力”，为什么特斯拉、比亚迪就不是“新势力”，为什么要单独区分所谓“新势力”，为什么不把所有企业都放在一起比较，为什么要将混合动力汽车与纯电动汽车放在一起比较，数据从什么地方来的，为何要出周排行榜而不是月、季或者年排行榜。

能够进入排行榜，就是一种宣传，能够提升企业形象，增强消费者信心。排名靠前的当然乐此不疲，因为可以借此提高热度；但是，排名靠后的往往心生不满，这给企业造成了压力并有损在公众中的形象。

标准不同，排行榜就不一样，同一车企在不同排行榜上的位置也不一样。为了使特定的企业能够在排行榜上处于更加有利的位置，有关机构可以通过增加定语、设定不同标准等方式，从而帮助某些企业实现更高的排名。

严格来讲，将不同车型、不同价格、不同动力系统的汽车放在一起比较，并不科学，也失去客观性与公正性。但是，在没有权威排行榜的情况下，此类排名在互联网车圈中大行其道，并产生了很大影响。

虽然这样的排行榜并不能完全决定一家企业能够取得良好的发展，但它对于提升企业知名度有帮助。而相关车企的支持者，更是高度关注排行榜，为自己所支持的车企能排到榜首或者靠前位置感到高兴。这也反映出，排行榜具有一定的市场影响力，能够潜移默化地影响消费者的信心和选择。

除周销量排行榜外，还有日订单量。华为问界 M7 发布后官方公布的订单数量情况如下：9 月 29 日，大定 2400 多台；9 月 30 日，大定 2600 多台；10 月 1 日，大定 2500 多台；10 月 2 日，大定 2300 多台；10 月 3 日，大定 2500 多台；10 月 4 日，大定约 2700 台；10 月 5 日，大定超 3500 台；10 月 6 日，大定超 7000 台。华为问界 M9 发布后公布的订单数量情况如下：12 月 30 日，大定 2000 台；12 月 31 日，大定 3173 台。

甚至还有按小时公布大定数量的，这种做法往往在开发布会公布售价后的一定时间内，对消费者和市场更有冲击力。华为问界 M9 在发布会后，官方即公布了上市 2 小时的大定累计 10000 台的数据。虽然真实的情况不可能按照这种效率一直延续（如果那样，一天就可大定 12 万台，那是不可想象的），但对营造销售氛围仍然有很强的冲击力。华为公布这一数据后，不少博主都进行了转发，在行业内产生了很大的影响。此后，华为还公布了发布会后 24 小时的订单数量为 20000 台。

除了按天公布、按小时公布大定数量，也有在特定时间公布大定数量的。比如，小鹏汽车于 2024 年 1 月 1 日在其旗下纯电动 MPV X9 发布会之前，公布了该款车截至 2023 年 12 月 31 日的预售订单数量达 5000 台，目的应是为发布会营造氛围，提升气势（见图 9-3）。

图 9-3　小鹏汽车旗下 MPV 产品 X9 发布会结束前订单情况

可见，晒销量之后，开始晒订单。晒的时间越来越短，频率越来越高。一些看起来比较实在的车企也开始卷入"晒单大赛"。2024 年

1月1日，新年伊始，万象更新，小鹏汽车为其旗下 MPV 产品 X9 举行了发布会。发布会还没有结束，小鹏汽车就秀了下新的订单情况。一向以醉心于技术研发为名的小鹏汽车，秀起订单量来毫不含糊，可以说卷出了新高度。

各车企以某种方式公布订单的做法，可谓"只有想不到，没有做不到"。尽管从定金到真正买车还有一个过程，定金并不能100%转化为订单，但这样做可以表明自己的市场热度很高，会带来示范效应和从众心理。那些本来有些犹豫的人，一看那么多人都订了，也打消了顾虑，先订再说。加之车企往往设定了退出机制，即下单后可随时无条件退订，更打消了消费者的顾虑。无论如何，公布日订单数量，是很好的宣传素材，可以起到向社会展示产品受欢迎程度和传递信心的作用。

除了按小时晒，还有没有什么新花样或者说新举措？为了竞争，车企之间挖空了心思，不放过任何一点机会。2024年3月28日，小米汽车发布会给出了新的"答案"。小米宣布，发布会后24小时大定88898辆，创下行业新高，创造了业界一个新的神话，引起了极大的震动。但小米的大定，是七天之内可退的大定。业内一般认为，大定是不可退的。小米则给大定赋予了新的含义，不愧为营销高手。后来，网络消息透露，小米大定退订率约40%，真假难辨，但与当初形成的巨大宣传效果相比，已经不重要了。

第五节　高端市场

中国汽车工业近几十年来的发展，健全了产业链条，培养了大批产业人才，也培育了汽车文化。汽车消费成为对经济发展起着至关重要作用的大宗消费。同时，人均收入的提高，经济条件的提升使我国成为世界上重要的高端汽车销售市场。另外，国家综合实力快速上升更多人支持国货、支持国产品牌。一些企业看到了这样的趋势，并尝试造出国产高端汽车以满足市场需要。

蔚来汽车是较早开始思考并投入实际行动的汽车企业。创业之初，蔚来汽车除了锚定纯电动汽车赛道，同时也观察到国产汽车售价很难突破30万元，而国外豪华汽车售价大多在50万元以上。于是，蔚来汽车下定决心，决定从高端入手，定位在30万~50万元的售价范围，目的是充分利用国内供应链完整且人工成本较低的优势，制造出体验堪比百万级燃油车的高端纯电动汽车。

蔚来汽车在2017年末发布的第一款新车——ES8，定价为44.80万元，这对于中国自己的汽车品牌而言，是一个很高的价格。之所以定相对比较高的价格，蔚来汽车给出的理由是，公司产品硬件都是顶配的，而且车辆售出后还有完整的生命周期考虑，不仅卖产品，还考虑了车辆使用期内完整的生态链条。蔚来汽车的很多创新性设计，如人机交互功能、软件定义硬件的思路、自动辅助驾驶、换电站补能系统建设、使用过去只有百万级豪华汽车才用的空气悬挂、维修保养上门服务、直销减少中间环节让利消费者等，吸引了不少高收入人士成为其首批客户。从2018年终开始交付车辆起，蔚来汽车克服了经验不足、供应链影响等不利因素，在当年内顺利交付超过1万辆汽车。这是中国品牌第一次达到这一成就，标志着国人在高端汽车领域成功立足。此后，尽管遇到三年疫情冲击、贸易冲突等影响，经济调整期人们出现消费心理的变化，汽车市场经历了一个从消费升级到注重实际的时期，很多车企纷纷降价保量，通过牺牲利润保住市场份额，蔚来在总体上还是做出了最坚决顽强的坚持，全系列车型售价基本保持在30万~50万元；虽然其ET5和ET5T在剥离了免费换电权益后基础配置定价为29.8万元，但适当选配后成交价都要高出不少。

蔚来汽车高端定位取得了初步成功，激起了其他车企的跟进。吉利汽车旗下的极氪汽车是又一个尝试向高端进军的汽车品牌。与蔚来汽车

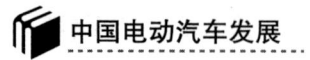

一开始瞄准 35 万元以上的市场不同，极氪将目标市场锁定在 30 万 ~ 35 万元，避免与蔚来直接对撞，试图通过差异化的价格区间取得成功，一度取得不错的销量。但随着时间的推移，其定价不断下滑。至 2023 年末，极氪汽车的基础定价滑落至 20.99 万元。

与蔚来汽车相比，高合则选择向更高端的市场挺进，目标客户直指 50 万元以上消费市场。然而，50 万元以上的市场本来就很小，初创企业由于经验不足等多方面原因，很难同国际巨头竞争；加之豪华市场的用户对能源价格并不敏感而是更在乎方便，走纯电路线的高合没过多久也坚持不住了，并在 2023 年突然下沉到 30 万元以上市场，其最新车型定价为 33.9 万元。即使这样，高合的高端路线仍然十分艰难，不得不在 2024 年第一季度宣布暂停经营活动。

2023 年，虽然汽车销售价格经历了少有的震荡，不少车企通过降价甚至多次降价试图提升或者维持销量，但也有企业向高端甚至豪华市场发起了冲击，推出了相应的产品。华为问界 M9 虽然定价为 46.8 万元，但适当选配后将达到 50 万 ~60 万元，特别是其纯电版直接定价到 50 万元以上。理想 MEGA 据传将定价在 60 万元左右，最后定价为 56 万元。比亚迪腾势 D9 定价为 66 万元，吉利极氪 001FR 定价为 76.9 万元，蔚来 ET9 定价为 80 万元，比亚迪仰望 U8 定价更是高达 109.8 万元。看着这不断攀升的定价，不少人质疑：真卖得出去吗，还是仅仅是一个噱头？

从市场反馈来看，上述车型不少订单超出预期。但由于刚刚推出，大多还没有开始交付，真正的市场表现需要等到规模交付并且消化完第一批订单后，观察一段时间才能得出初步结论。

需要强调的是，尽管中国本土电动汽车品牌整体向高端迈进的成效检验尚需时日，但人们观念的变化已经开始了。

某知名汽车博主在微博上发起了一次关于高端品牌的调查问卷，问题是"你们心中的高端新能源车品牌是什么"。该问卷于 2023 年

12 月 30 日发起，截至 2023 年 12 月 31 日下午，2375 人参与，为单项选择，根据列表顺序，各品牌得票为：BBA93 票、蔚来 1470 票、理想 139 票、问界 101 票、极氪 46 票、阿维塔 35 票、智己 6 票、极越 17 票、仰望/腾势 450 票（见图 9-4）。

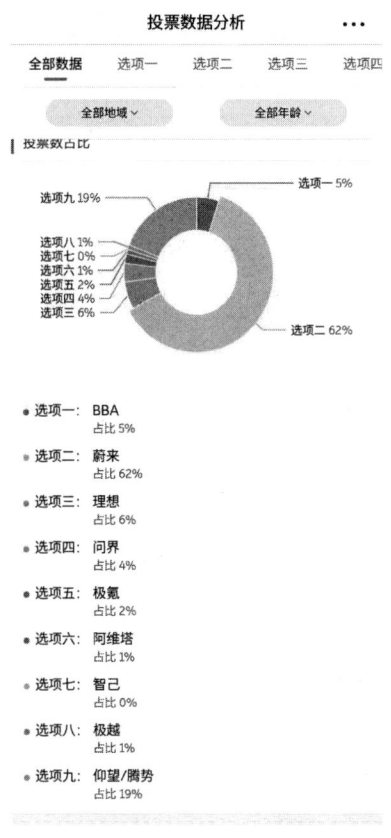

图 9-4　网络调查问卷高端新能源车品牌分布情况（单选）

这个投票引起了不少人的质疑，怀疑这位博主的支持者中大部分为蔚来汽车的支持者。于是一位支持蔚来汽车的博主自己参考上述问卷设计了新的问卷，问题为"你们心中的高端新能源品牌是什么"。最主要的区别是可以选择多项，并将蔚来在问卷中的位置放到倒数第

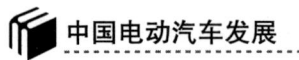

二，且加入了蔚来拟进入大众市场的子品牌"蔚来阿尔卑斯"。1785 人参与的问卷调查结果如下：奔驰、宝马、保时捷为 414 票；理想 201 票；阿尔卑斯（蔚来）150 票；问界 236 票；极氪 69 票；阿维塔 144 票；智己 21 票；仰望 442 票；腾势 85 票；蔚来 1202 票；高合 236 票（见图 9-5）。

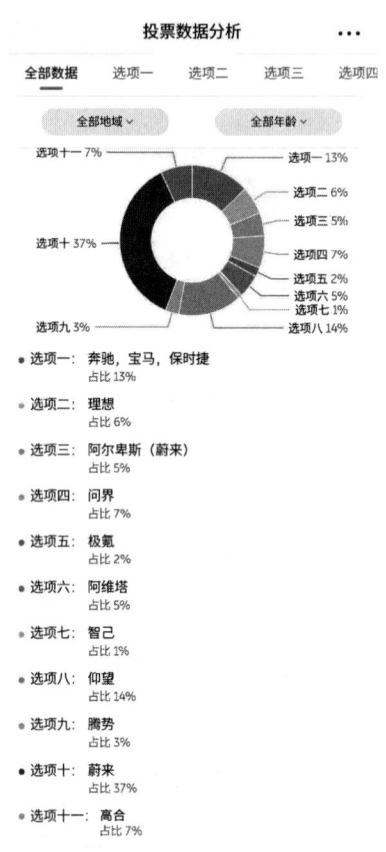

图 9-5 网络调查问卷高端新能源车品牌分布情况（多选）

另一位支持纯电动汽车的博主专门针对纯电动汽车品牌在微博上进行了一次关于高端品牌的问卷调查，他的问题是"2023 年收官，你心目中综合最好的一款电驱车"。在 858 人参与的情况下，他所列出的车型和得票依次如下：蔚来 ET9 430 票、问界 M9 117 票、小鹏 X9 92 票、理想 MEGA 35 票、蔚来 ES8 89 票、劳斯莱斯闪灵 30 票、宝马 i7 8 票、奔驰 EQE SUV 1 票、极氪 001 19 票、小米 SU7 37 票。从投票结果来看，国产纯电动汽车得票数远多于国外纯电动汽车得票数，而在燃油车时代，上述某些品牌是绝对的高端品牌，具有不可撼动的地位（见图 9–6）。

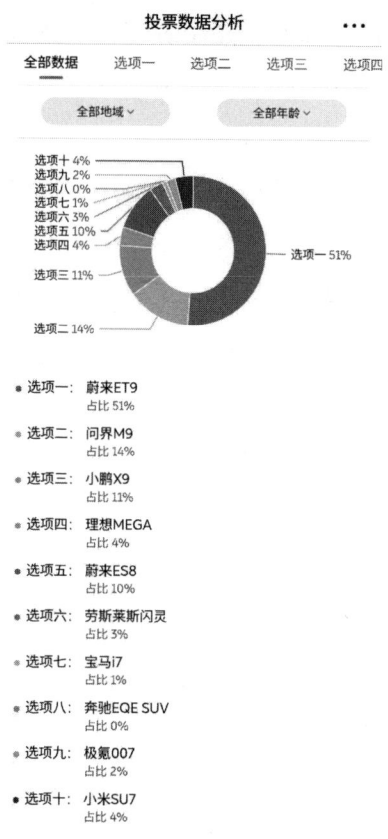

图 9-6　网络调查问卷综合最好电驱车产品分布情况

仅从上述调研来看，在电动汽车时代，对高端的定义已经发生了很大变化，国内部分品牌已经在国人心中树立起了较为牢固的高端

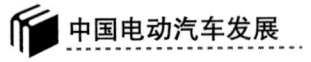

形象。

与传统燃油汽车相比，中国在电动汽车方面的产业链更加具备优势。在燃油汽车时代，发动机、变速箱、刹车片、空气悬架等方面，中国在技术上与德国、日本等汽车强国相比存在不小差距。加之德国汽车在品牌和文化方面的积累，以及日本汽车在成本方面的控制，使中国在汽车领域的追赶十分不易。但在电动汽车时代，中国电池、电机、电控方面与国外整体上相当，且在电动汽车电子应用方面的开发做得很不错，如在人机互动、智能座舱、娱乐系统等方面都取得了很多成绩；加之在自动辅助驾驶方面，中国汽车企业由于国内市场环境更加严苛，在传感器方面使用更多零部件，并有熟悉国内法律法规优势，对国内使用场景有更好的适配性。在诸多因素的作用下，国内电动汽车获得了空前的发展以及市场的高度认可。

华为大举进攻电动汽车市场的行为对用户的认知也产生了很大的促进作用。在此之前，电动汽车的发展要靠两个方面：一是政策扶持，包括中央政府及各地政府的减免税等；二是较低的日常使用成本。但是，很多人还是担心充电不方便等问题，并不太能接受也不太看好电动汽车。但是，因为华为进入电动汽车市场，使很多过去"无动于衷"的人，一下子涌入了展厅，去看华为汽车。他们主要是奔着华为去看车、买车，但因为华为的车也是电动汽车（含混合动力和纯电动，2023年12月26日推出了纯电动版问界M9），从侧面"发力"使更多人一下子转过弯来，认可了电动汽车。

2023年12月，在新的问界M7发布两个月后，华为问界系列交付了24468辆车，其中M7一款车就交付了20611辆。考虑到此前的销量，华为在新款车型发布后的表现实在太惊艳了。2023年1~8月，问界M7的累计销量仅为7936辆，越往后月销量越低迷，最低时月销仅432辆。这也说明，除了公司光环加持，产品本身的质量也非常重要。需要补充说明的是，在历经美国多年的制裁后，华为公司推出的手

Mate 60 手机，引起了市场强烈的反响，公众对其公司的信心倍增，这在客观上也推高了其汽车销量。

另外，刚上市的问界 M9 在 7 天内获得大定 30000 辆，作为一款均价约 50 万元的车，这样的成绩实在令人惊叹。

在很多人看来，既然华为都在做，那肯定就对了。大众的这种慕强心理使原本就发展较迅速的电动汽车产业又掀起了高潮。

当然，由于推出时间较晚，且主打增程式混合动力汽车，华为汽车在高端市场的地位还需要一定时间的培育。增程式混合动力汽车被视为过渡性产品，为了赢得消费者而采取的阶段性举措可能影响品牌的形象。另外，华为并不是自己造车，而是与其他厂商合作，但相信假以时日，中国电动汽车的高端市场上一定有华为一席之地。

第六节　新车型

在国内电动汽车 2023 年充满"硝烟"的"战争"中，推出新车型的速度和数量都非常惊人，其目的是希望克服老车型的"颓废"，并以新技术争夺消费者。

蔚来汽车在 2023 年 6~10 月，相继推出了 4 款新车型，包括新款的 ES8、ES6、ES7 以及新车型 ET5T。新款车型的推出，使蔚来汽车一扫上半年呈现出的被动与颓势，整体销量增长立竿见影。其中，ES8、ES6 以及 ET5T 都成为各自细分领域的明星车型，赢得消费者的青睐。曾经在我国不被看好的 ET5 旅行版 ET5T，被不少人认为是最好看的旅行车，销量超过预期。在市场处于调整期、车价阶段性整体下滑的情况下，蔚来汽车新车型帮助该公司打好高端品牌保卫战，起了很大的作用，在优惠幅度较小的情况下，销量同比增长较快，全年增幅超过纯电动汽车平均水平，2023 年全年共交付 160038 辆汽车，同比增长 30.7%。

　　小鹏汽车也相继推出了全新的 G9 和 G6，并且取得了成功，产品得到市场认可，销量也不错。从 2023 年 10 月起，小鹏汽车销量连续几个月稳定在 2 万辆以上。小鹏汽车的成功，主要是性价比高，其车型起步价在 20 万~30 万元，且运用了不少新技术。

　　回看 2023 年，蔚来和小鹏都经历了十分困难的时期，又都通过推出新车型扭转了颓势。这也表明，中国市场在电动汽车时代，推出新车的周期大大缩短了。这种情况，有利于消费者及时体验到最新的技术，但也给汽车企业带来了巨大的风险。因为新车改款投入较大，如果不能取得成功，则意味着巨额的投资损失。加上竞争激烈，各车企都通过不断降价抢占市场，毛利非常低，甚至负毛利卖车，结果车是卖出去了，但没挣到钱，赔本赚吆喝，不利于企业的长期健康持续发展。

　　各企业不断推出新车型，"撞车"与竞争难以避免。

　　一直致力于生产增程式混合动力汽车的理想汽车，在 2023 年开始涉足纯电动汽车领域，其很早就开始宣布要于 2024 年初推出纯电 MPV 车型 MEGA，并在宣传上做足了文章。网上多方信息显示，理想 MEGA 售价 60 万元以下，并宣称 50 万元以上不分车型不分动力形式取得销售第一成绩。MPV 本来就是一个较小众的市场，纯电 MPV 的市场就更小，业内人士关注不多，也鲜有分析，但因为理想的介入，却成为了一个比较热门的话题。然而，谁都没有想到的是，小鹏汽车于 2023 年末宣布其即将推出纯电 MPV X9。与理想纯电 MPV MEGA 相比，二者动力形式相同，空间相似。但从售价看，X9 在 40 万元以内，理想汽车早早宣布 MEGA 售价 50 万元以上。从技术看，X9 有后轮转向，MEGA 没有；X9 后排空间可翻折，MEGA 没有此功能；X9 将搭载国内首屈一指的自动辅助驾驶系统，MEGA 自动辅助驾驶系统国内一般认为不在第一梯队中。综合来看，小鹏 X9 虽然便宜了十几万元，但技术反而显得更好一些。

小鹏 X9 的横空出世，给理想汽车出了难题，最棘手的是，MEGA
将如何定价。如果定高了，如何与小鹏 X9 竞争。如果定低了，不仅
此前的宣传会影响企业声誉，也影响理想在纯电品牌上高举高打的意
志与决心。退一步讲，即使定与小鹏相近甚至更低的价格，如何与小
鹏竞争也是个问题。尽管有关方面不认为二者具有竞争关系，但这两
款车在市场上被相互比较的局面难以避免。小鹏 X9 发布定价后，就
有人在网上晒出了退订理想 MEGA 转定小鹏 X9 的订单。

即使理想想尽快通过提升内饰用料（如配置各种真皮面料）、强
化服务体系（如每年若干次洗车服务）、提供优惠政策（如终身免费
用电）等方式，使定价表面维持在 50 万元以上，实际销售中则通过优
惠以及与服务解绑等以降低交易价格，但仍然存在问题。过高的定价
会将预算较少的消费者拒之门外，且在一个消费处于调整期的过程中
很多人本来也不打算为豪华的内饰和周到的服务埋单。

很多人没有想到，依靠大空间、低价格而在新能源汽车领域实现
异军突起取得成功的理想汽车，被小鹏汽车以同样的方式截和了一把。
由于小鹏汽车一直坚持纯电路线，且重投自动辅助驾驶，这就带来两
个问题。

第一，由于坚持纯电路线，其市场空间有限，且其定价范围与特
斯拉、比亚迪、零跑等纯电汽车的定价存在重叠，所以很难不卷入无
休止的价格竞争中。虽然其定价范围所在区间市场容量较大，但参与
竞争的品牌也很多，特别是特斯拉，品牌势能非常大，销量一直很好，
使与其价格重叠的品牌都感受到了很大的压力。其结果是，其他品牌
要么降价保量，要么市场份额有限，无论是哪种结果，都导致营业收
入特别是利润不高，企业只能亏损卖车。

第二，自动辅助驾驶投入比较大，但市场对此还不是很认可。很
多人买车，主要还是看中自动辅助驾驶之外的性价比。如此一来，除
了对部分人群有一定吸引力外，小鹏在自动辅助驾驶方面的重金投入

并没有转化成其普遍的竞争优势。自动辅助驾驶在竞争领域什么时候才能真正发挥出应有效能，还有不确定性。小鹏坚持在自动辅助驾驶一直重金投入，是因其是在市场竞争中差异化的最突出特点，如果放弃这一点，相当于放弃了自己的特点和竞争优势。放眼中国电动汽车市场，华为、蔚来等在自动辅助驾驶方面也实力不俗，且有很多技术储备。小鹏一旦松懈下来，其自动辅助驾驶"领头羊"的标签可能会丢失，行业地位一旦被撼动，将在竞争中处于被动地位，甚至导致输掉全局。这就是无论如何，小鹏都不会放弃对自动辅助驾驶的投入，反而要千方百计保持其优势的原因。

此次在 X9 上取得的成功，很有实质性意义。第一，这是与增程式混合动力汽车企业竞争时取得的，表明其对于产品和市场的理解上，不输后者。理想汽车以精准掌握和了解消费者需求著称，小鹏此次出击表明其对终端消费市场的认知不输理想，而且在默不作声中就实现了，留给人们踏实实干的印象。第二，小鹏汽车价格攀升到 35 万元以上，且得到市场的普遍认可和接受。不考虑车型，小鹏汽车事实上实现了品牌向上的目的。第三，其在共同开创的纯电 MPV 赛道中拔得头筹，延缓了竞争对手的出牌时间，并在其价格范围内获得了主动权。理想汽车还有两个月才公布售价。蔚来汽车推出此类车型还有更长的时间。只要能够确保交车质量，小鹏将站稳 35 万~40 万元 MPV 市场。第四，较丰厚的订单将带来不错的现金流，对其过去多少有些"叫好不叫座"的经营状况是难得的补充。按照小鹏汽车在发布会还没有结束就公布的 5000 辆大定数量，光这批车辆就能带来现金收入约 20 亿元。根据市场的普遍反映，小鹏 X9 有望维持月销量 4000~5000 辆一段时间，一年的现金收入可达 150 亿~200 亿元。

小鹏汽车与理想汽车的第一次正面交锋，是中国电动汽车领域颇有转折性意义的事件，意味着过去各品牌之间的差异化竞争进入同质化领域，交锋将更加激烈。

第七节　企业家与消费者心理博弈

企业家是一个特殊的群体。他们有的怀揣让世界变得更美好的梦想，有的想如何多挣点钱，有的二者兼而有之。无论他们有什么想法，在创业和经营的道路上，他们必将面对的是形影不离的心理博弈。

对于怀揣梦想的企业家而言，如何赢得别人的支持，特别是在既要保密又要赢得公众信任方面，他们将面临严酷的心理考验。公众欢迎、敬佩以及支持那些足以对世界做出某种改变的公司，如谷歌、SPACE X、华为等，但他们难以接受公司的长期亏损，于是通过各种渠道对公司提出了要求。公司的董事长在面临这种考验的时候，要做出合理有效的决策并不容易。一方面，他们要守住商业秘密，避免在竞争中处于不利；另一方面，他们最好能让公众相信，公司的亏损是暂时的。这二者实际上是矛盾的，你守住了秘密，却可能失去公众的理解，他们认为公司只会大手大脚地花钱，不会经营公司。就算你透露了一些秘密给公众，表明自己在做某些具有颠覆性或者决定性意义的技术研发或模式搭建，但万一做不好或者做不成，也会让公众失望；特别是那些多年亏损的公司负责人，尤其如此。

况且，瞬息万变的市场行情，也会让企业家经常坐在"过山车"上。同行的竞争、政策的调整、地缘关系的变化、一句不合时宜的话，乃至于一起发生在消费领域的意外事故，都让企业家面临考验，处理不好就会给公司造成重大损失。

无论拥有多么远大的志向，都必须面对当下如何持续经营的问题。是梦想重要，还是眼前利润重要，这是很考验人性的。有人说，这个简单，将现实和理想结合起来就行，保证现在能够活得好，也保证将来活得好。但真正要做到这一点很难，在竞争激烈的情况下尤其如此。小公司可以灵活转身，大公司则往往转身困难。当你将目标放在当下

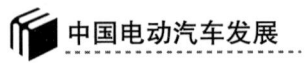

时，短期日子似乎不错，但长期则失去竞争机会和能力。但过多关注长期，公司经营可能难以为继。权衡眼前与长远的关系，必然是一场艰难的心理博弈。

企业家也是公众人物，知名企业家尤其如此，他们的一言一行都会引起关注，并被记住。当他们的话冒犯了某个群体时，自然会引起这个群体的反感甚至排斥，他们的产品可能就失去了一部分市场。作为公民，任何人都有权在法律法规之下表达自己的观点，企业家也可以，但会付出牺牲市场的代价。企业家需要就哪些话该说、哪些话不该说做出权衡与取舍，以期尽可能发生好的作用，避免坏的影响。

公司的管理层同样面临巨大的心理压力。一家公司的高管，在公开场合讲授技术时，将两块 1500 兆帕说成 3000 兆帕，结果引来网上群嘲，说他不懂技术，进而质疑他们公司的技术不行，影响了公司的形象。可想而知，这位高管承受了多大的心理压力。

对于消费者而言，很多时候也要进行心理博弈，在面对好的产品和公司的现状时，更是如此。难道好的产品和公司好的状况不同步吗？是的，经常有这样的情况。大家都想做好产品，但好产品需要更多的投资，更多的投资意味着在某些情况下公司处于亏损状态。这样的案例有不少，特斯拉就是其中的典型。

特斯拉公司现在如日中天，但它曾经长期处于亏损状态。尽管有偶像人物马斯克的背书，但特斯拉的长时间亏损仍然影响了部分消费者的行为，一些原本计划购买特斯拉汽车的人，担心特斯拉会倒闭，从而改变了主意，选择了别的品牌。

今天说这样的话显得不合时宜，但当时的情况就是这样的。一些消费者对国内汽车企业的态度，特别是对"造车新势力"的态度，这种表现就更常见了。与产品本身比，一些人更担心企业的经营，如果经营状况良好，他们就可以下定决心，否则免谈。

新事物的出现，往往会遭到质疑。作为交通工具，汽车在今天所展现出来的优越性是不言而喻的。但是，汽车出现之初，其没少受到质疑。汽车出现之前，马车是人们普遍采用的交通工具。汽车出现之初，当然各方面性能无法与现在比，如马力小、速度慢、跑不远等问题，因此，遭到不少人的嘲笑。比如，一度要上门手动给汽车加油，有人就嘲笑这太麻烦了，你看马车，一边走路一边吃草，多么省事。

时代在变，但人们对待新事物的心态似乎没有根本性变化。今天人们对电动汽车特别是纯电动汽车初创企业，存在很多疑虑。

疑虑之一是这些车企没有造过车，怎么能造得好车。历史地看，这种观点不值一驳。汽车出现之前，又有谁造过汽车呢？肯定没有，但是，汽车还是来到了人世间，不断发展壮大，成为今天人们普遍使用的交通工具。飞机出现之前，也没有人造过飞机呀，但今天，飞机已经是一个很成熟的交通工具了。但是，现实中，这种观点大行其道。从客观上讲，既存汽车企业容易让人们产生这样的想法：既然已经有人能把汽车造得很好了，那么，就算要推出新产品，也应该由它们来进行，而不是由一家创业公司特别是一群没有造过汽车的人来完成这一使命。但是，创新的本质就是摆脱思维定式和历史路径，让那些具有奇思妙想的人实现他们的想法，然后在激烈的竞争中选择出优胜者。特斯拉汽车的成功无疑是最好的证明。尤其是汽车作为资金、技术、人才高度密集的产业，造车并不靠某个人或某几个人，而是遵循市场规则积聚各种类型的人才，包括汽车工程师、财务专家以及市场营销和网络运营人才等。中国几家有名的"造车新势力"都没有造过汽车，但它们却都做得不错。相反，那些传统汽车大厂在转型时期的动作似乎慢了半拍，它们在运用新的技术和适应新的需求方面稍显迟缓。在人工智能时代，那些初出茅庐的人显得更加适应一个快速变化的时代。当然，汽车作为一个周期较长的产业，新创企业除了特斯拉外还没有在财务上很成功的案例，说新势力已经取得胜利还为时尚早。让时间来说明一切吧。再过几年，回头看看，会不会有不同的景象。

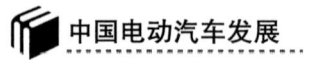

疑虑之二是担心企业倒闭。汽车产业资金高度密集，经营得好的企业也不能确保永不亏损，何况电动汽车初创企业。由于竞争十分激烈，很多企业需要通过价格战来维持生存。现有企业当然不甘心轻易退出舞台，它们往往拿起价格战屠刀抢夺市场份额赢得生存空间。初创企业面临资金困难是常见的。现在如日中天的特斯拉也经历了九死一生才走到今天。

但市场是复杂的。一些人更为看重企业的经营状况，另一些人更关心产品质量。那些更关心产品质量的人，也不是不关心企业经营状况，但在他们看来，更重要的是产品，他们相信好的产品一定会逐渐赢得市场，最终帮助企业盈利，因此没什么好担心的。显然，有的人在做出购买处于亏损中企业的产品决定之前，也进行了一番心理博弈。当然，也有人只关心产品，不了解企业经营状况的，对他们而言，看到喜欢的东西买就是了。

这种复杂或者说多元的心理，对于创新与进步是至关重要的。新创企业为创新与进步提供了重要推动力，而这些企业的初创期甚至在成立后相当一段时间内，都需要持续的投入，都处于亏损状态，它们的成长往往需要一个过程。越是重大甚至颠覆性的创新，初期亏损往往越大，亏损的时间往往也越长，因为无论是重大技术突破、体系搭建还是生态养成，都需要大量的投资并需要较长时间成长。

对于那些顾虑较少，喜欢拥抱新事物的人而言，好处也是显而易见的，国家和企业为了推广新品而采取的优惠措施都让消费者得到不小实惠，这或许可以称之为"尝鲜者福利"。

"尝鲜者"的第一份福利是产品优惠。初创企业推出的产品，为了吸引消费者，为了争取市场认可，往往会有一些优惠措施，甚至低于成本价格销售。因为初创企业要从那些已经在市场上建立了稳定地位的品牌和企业手中分一杯羹，没有更多吸引消费者的手段，无异于虎口夺食，难度很大。新品当然有信心占有一定市场份额，但消费者接受新事物有一个过程，时间往往不会太短，特别是对于像汽车这样的大件高价值耐用品，要用很多年，消费者往往很谨慎。商业运行的基本逻辑不允许厂家等待太长时间，因为那样做，投资回报周期太长了。初期产品如果较快使出货量达不到一定数量，则单个产品的成本会比较高，如果能在较短的时间内推出数量足够的产品，则单个产品的成本因为规模效应会大幅下降。这么看来，初期的价格优惠也有利于厂家，可以说买家与卖家都得到了好处。蔚来汽车于2019年为应对当时市场情况提升汽车销量，采取了对购车者终身免费换电的优惠，起到了立竿见影的作用，销售情况立即好转，使当时舆论上比较被动的局面得到了很大改观。而早期买车以及优惠推出后一段时间内的购车用户，在换电条件比较好的地方，省去了电费，每年可节约数千元。

除此之外，某种产品或服务模式做得很好、很赚钱，可吸引和鼓励了新人投入其中。成功者的产品和模式都不难，易于复制，很多人就会选择复制，只要不违反法律，跟进者往往能获得商业成功。这些后来进入者往往依靠提供更优惠的价格来争取市场和客户。这种情况是市场经济的常态，消费者显然也可以得到实惠。

对于电动汽车而言，消费者的第二份福利是政府为支持新兴产业而给予的补贴或者税收优惠。在我国，电动汽车获得优惠的幅度是比较可观的。在电动汽车发展的初期，中央政府除了免除电动汽车车辆购置税外，还给予了直接的补贴，二者相加约占车辆售价的20%左右。买一辆20万元的电动汽车，可以少支付约4万元。如果买一辆50万元的高端电动汽车，可以少支付约10万元。在一些限购城市，如北京，为电动汽车开了绿灯，人们获得买电动汽车资格的概率要远高于买燃油车。又如上海，购买电动汽车不用拍牌照，而拍牌照需要额外支付约10万元，这对很多人而言都是一笔不小的费用。如果在上海买一辆售价50万元的高端电动汽车，优惠力度最大时可以少支付20万元左右。这些补贴和优惠，随着时间的推移都会逐渐减少甚至消失，

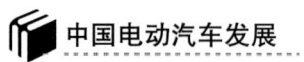

后来的消费者则享受不到这样的好处。用民间的话来讲，新能源汽车做到了"早买早享受"。

"尝鲜者"的第三份福利，是"尝鲜"本身。创业型企业，其核心业务往往离不开"新"，基于新技术打造的新产品、新的渠道、新的服务，总之正是基于一种或者几种"新"，创业者才推出了相应的产品或者服务。对于那些乐于接受新事物的人而言，新的技术、新的产品、新的服务，或者新的模式，都能够促使他们下决心做一个尝鲜者。可惜，这样的人不占多数。在不同的文化背景下，人们对新事物的态度有所不同，但就人类而言，保守行为似乎偏多。幸运的是，"尝鲜者"总是存在的。试想，如果大家都不愿意成为第一个吃螃蟹的人，都不想当"小白鼠"，都等着别人先当"小白鼠"，那么，新的产品如何推出？没有人使用，新产品推出后也很难得到迭代和完善。这种局面造成的后果是，人们总是固守那有限的几种东西，商品社会于是裹足不前。相反，那些得到用户消费支持的企业，可以根据用户的使用反馈，加速产品迭代，不断推出新品，质量越来越好，功能越来越全，价格越来越合理，最终消费者受益。苹果、华为、特斯拉等世界著名大企业，都因此受益。

无论是企业的优惠措施，还是政府的支持政策，抑或是新事物本身，都加剧了消费者的心理博弈。他们反复权衡，这些东西是否可以克服他们对产品"不成熟"的担心，以及创业企业是否走得下去的担忧。这些权衡，有时是理性的，有时是感性的，更多是理性和感性交织在一起。在复杂的博弈中，也无法判定是感性战胜了理性，还是理性战胜了感性。即使考虑性别因素，也很难说清这个问题。有人认为，女人比较感性，买车主要看外观，男人比较理性，买车主要看性能。这种说法有一定道理，但在购买汽车这件事上，还不能一概而论。买车主要还是家庭行为，需要听取家人意见。理性与感性，也在博弈，二者往往难以区分。

有的"尝鲜者"是心甘情愿地，有的"尝鲜者"则不然。对于电动汽车的"尝鲜者"而言，无论是自觉还是不自觉的行为，都产生了不少的戏剧性效果。

举个例子，一位商人在做了很长时间的思想斗争后才买了电动汽车。等他开上电动汽车后，情况发生了很大的变化，离不开了，连跑长途也用；而他原本的豪华品牌 SUV 基本上处于闲置状态。他原本做建材贸易等生意，但近年来业务很不好。这时候，他在使用电动汽车的过程中了解到充电桩很赚钱，于是与人合伙在某地建设了一个拥有 40 余个充电桩的充电站，每天有超过 5000 元的经营收入，这让他找到了新的机会，他开始致力于建设更多的充电站。

在面对新生事物时，很多人的心态要么是再等等看，要么是能够加一层保险。一方面，他们希望所买到的东西是完美无缺的，试错的机会留给别人，自己不当"小白鼠"；另一方面，他们认为最好能得到多一分保障，以让自己心里踏实。至于生态的养成、产品的迭代等需要市场参与的实践，大多数人并不感兴趣，尽管许多人都不自觉地参与了这一进程。在他们看来，需要市场支持产品升级迭代，并非消费者的责任，而应由厂家来完成，或者是政府的职责。这样的想法，站在消费者角度，无可厚非。

不过，也需要关注事情的另一方面：由于技术总是在进步，或许根本就没有完美的产品，特别是在技术进步较快的时期，新产品推出很快。这些年，手机行业表现得比较明显，不少公司一年推出一款手机，新手机在功能、设计等多方面都有进步。汽车作为耐用消费品，这些年的更新迭代也明显变快了，特别是电动汽车的发展更是如此。因此，在现实中，"等等党"总是取得了胜利。这种迅速变化的时代，对消费者而言是有利的，但对公司是很大的挑战。在你追我赶的竞争中，公司何时推出产品是学问，更是考验：推早了，会被认为不成熟；推晚了，又担心失去先机。不少汽车公司因为推出新的产品，不仅技术上有进步，功能也更丰富，价格甚至还更便宜，为此，惹恼了不少刚刚买过车的老用户。如何处理老用户与新用户的关系，也考验着每家公司的智慧。

在新事物面前，有人乐观其变，有人百般质疑，有人半推半就。而那些愿意改变的人，往往更能获得新的机会。

第十章　展望

第一节　电动汽车未来发展趋势

电动汽车的未来发展趋势是多维度的，这不仅体现在技术的迅猛进步上，还涉及环境政策的推动、市场需求的增长、基础设施的完善以及经济因素的考量等多个方面。随着电池技术的不断突破，电动汽车的续航能力和性能得到了显著提升，使它们在与传统燃油车的竞争中更具优势。同时，全球范围内对减少温室气体排放的紧迫需求，促使各国政府出台了诸多鼓励电动汽车发展的政策措施。市场对清洁能源交通工具的需求也在不断增长，消费者越来越倾向于选择环保且经济的出行方式。此外，充电站等基础设施的建设正在加速，为电动汽车的普及提供了有力支持。经济因素，如政府补贴、成本效益分析等，也在推动电动汽车产业的快速发展。综合这些因素，电动汽车的发展前景广阔，预示着一个更加绿色、智能和可持续的交通时代的到来。

其中，技术发展趋势处于重要地位，主要包括电池技术和补能技术两个方面。电池是电动汽车的心脏。未来，电池能量密度的提高和成本的降低将是推动电动汽车发展的关键。固态电池技术有望成为主流，它可提供更高的安全性和能量效率。快速充电技术的发展将减少电动汽车的充电时间，提高用户体验。无线充电和电池更换技术也可能成为新的充电解决方案。

新技术的发展，尤其是人工智能的迅猛进步，为电动汽车产业带来了前所未有的挑战与机遇。人工智能的广泛应用需要消耗大量电力，这对电动汽车所需的能源支持提出了新的挑战。在电力资源有限的背景下，如何合理分配和优化电力使用，确保人工智能与电动汽车都能获得必要的能源供应，成为了一个亟待解决的问题。这种能源分配的平衡不仅关系到电动汽车的续航能力和普及率，也直接影响到人工智能技术的进一步发展和应用。此外，新技术的不确定性也给电动汽车产业带来了风险，例如，电池技术的突破可能会突然改变市场格局，或者新的充电技术的出现可能会极大地提高电动汽车的便利性。因此，电动汽车产业需要不断适应新技术的发展，通过创新和合作，寻找到最佳的解决方案，以确保在能源有限的条件下，人工智能与电动汽车能够和谐共存，共同推动社会的进步和发展。这种适应性和前瞻性将是电动汽车产业持续发展的关键。

随着电动汽车技术的不断成熟和环保意识的增强，消费者对电动汽车的认知正在经历一场深刻的变革。越来越多的人开始认识到电动汽车在节能减排、降低运行成本等方面的优势，从而提高了对这类车型的接受度。这种认知上的积极转变，无疑将对电动汽车的销售产生显著的正面影响，为整个产业的蓬勃发展打下坚实的市场基础。同时，汽车制造商也在不断地进行车型多样化和产品更新，以满足不同消费者的需求。从高端豪华车型到经济实惠的入门级车型，电动汽车的产品线正在迅速延展，使消费者有了更多样化的选择。这种产品策略不仅能够吸引那些追求高端体验的消费者，也能够满足预算有限但希望尝试电动汽车的普通用户。消费者对电动汽车的期待不再仅局限于环保和经济性，更包括驾驶体验、智能化功能以及个性化设计等方面。汽车制造商通过不断创新和优化产品，不仅能够吸引新客户，而且能够增强现有客户的品牌忠诚度。

从基础设施建设方面来看，随着电动汽车数量的增加，建设更加完善的充电网络将成为必要。这包括公共充电站和家庭充电设施。准确地讲，补能设施的完善起着至关重要的作用。不仅是充电桩，换电站以及移动充电设施的建设，对于提升电动汽车的消费体验进而对于电动汽车的市场推广都非常重要。上面分析的因素，又依赖于智能电网的建设和运营水平。电动汽车与智能电网的结合将提高能源利用效率，实现车网互动。电力基础设施的便利、高效、节约的补能系统的建设与完善，对于发展电动汽车特别是纯电动汽车具有决定性影响。

从经济因素来看，电动汽车的成本控制十分关键。随着规模经济的实现，电动汽车的生产成本将降低，使其更具市场竞争力；同时，电动汽车的二手市场也将逐渐成熟，为消费者提供更多的选择。当前，制约电动汽车发展的一个重要因素是二手电动汽车的售价较低，换句话说，保值率不高，这影响了新车的销售。

作为处于变革时代的汽车产品，自动驾驶技术的发展对电动汽车的发展具有重要影响。自动驾驶技术的发展将为电动汽车带来新的使用场景，提高驾驶安全性和便利性。未来，这方面的技术不仅是电动汽车区别与燃油汽车的重要标志，也是各电动汽车厂家竞争的核心着力点之一。

电动汽车行业的快速发展对供应链管理提出了新的挑战，尤其是在关键原材料的供应方面。锂和钴等稀有金属是电动汽车电池制造不可或缺的原材料，其供应稳定性直接关系到整个产业的健康发展。随着电动汽车产量的增加，对原材料的需求也在急剧上升，这就要求供应链不仅要能够满足日益增长的需求量，还要能够应对地缘政治的不确定性和市场波动。电动汽车生产商必须建立起高效、灵活且可持续的供应链体系，以确保原材料供应的连续性和稳定性。这不仅需要与原材料供应商建立长期稳定的合作关系，还需要在全球范围内寻找多元化的供应来源，以降低对单一市场的依赖。同时，供应链的透明度和可追溯性也变得至关重要，这有助于提高供应链的抗风险能力，确保在面对突发事件时能够迅速做出反应。此外，电动汽车生产商还需要关注原材料的可持续性和环境影响，通过采用环保的开采和加工方法，减少对环境的破坏。这不仅有助于提升企业的社会责任感，而且能够增强消费者对品牌的信任和忠诚度。在全球化的今天，供应链管理已经成为电动汽车产业成功的关键因素之一，对供应链的优化和管理将直接影响电动汽车生产商的市场竞争力和长期发展。

从全球视野来看，全球化势不可挡，在电动汽车领域，国际合作将促进技术交流和市场拓展，不同国家和地区间将在协调和解决矛盾的过程中推动电动汽车产业的国际化进程，尽管这种进程充满了地缘政治方面的挑战。

电动汽车作为一种新兴交通工具，其市场接受度和渗透率受到多种因素的影响，其中环境因素尤其是温度对电池性能的影响不容忽视。电池在低温环境下的续航里程会有所下降，而在高温环境下则可能面临过热的风险，这些因素都会影响消费者对电动汽车的购买意愿。因此，不同地区的气候条件对电动汽车的推广和使用构成了不同的挑战。为了提高市场拓展的针对性和效率，电动汽车制造商和推广者需要采取差异化的市场策略。在寒冷地区，可能需要强调电动汽车的加热系统和电池保温技术，以减少温度对续航能力的影响；而在炎热地区，则需要突出电池的散热性能和安全性。此外，不同地区的消费者对电动汽车的认知程度、环保意识以及经济状况也存在差异，这些都需要在市场推广策略中予以考虑。例如，在环保意识较强的地区，可以通过宣传电动汽车的环保优势来吸引消费者；在经济较为发达的地区，则可以强调电动汽车的经济效益和高科技特性。总之，电动汽车的市场推广需要综合考虑地区特点和消费者需求，采取灵活多样的策略，以实现市场的有效渗透。通过深入了解不同地区的环境条件、消费习惯和政策，电动汽车制造商和推广者制定更加精准和有效的市场推广计划，推动电动汽车产业的健康发展。

电动汽车的未来发展趋势是积极的，但同时也面临技术、政策、市场等多方面的挑战。技术的不断进步和政策的支持，使电动汽车有望在未来几十年内成为主流的交通工具。然而，要实现这一目标，还需要解决包括充电基础设施、成本效益、消费者接受度等问题。通过跨行业合作、政策引导和技术创新，电动汽车有望在全球范围内实现可持续发展。首先，技术挑战主要体现在电池性能上，包括能量密度、充电速度、成本和安全性等。要克服这些技术难题，需要持续投入研发，推动电池技术的创新和突破。其次，政策环境对电动汽车的发展至关重要。政府需要制定有利于电动汽车推广的政策，如税收优惠、购车补贴、建设充电站等，以降低消费者的使用成本，提高市场竞争力。再次，市场接受度是影响电动汽车普及的关键因素。要提高消费者对电动汽车的认知度和接受度，就需要加强宣传教育，展示电动汽车的环保和经济优势，同时解决消费者的疑虑和担忧。最后，充电基础设施的建设是电动汽车发展的重要支撑。政府和企业需要合作，加快充电网络的布局，提高充电便利性，消除消费者的"里程焦虑"。

第二节 前沿技术浅析

一、氢能源汽车

氢能源汽车被寄予厚望，被认为是最环保的汽车驱动技术。其工作原理是氢气在燃料电池系统中与氧气发生化学反应：一方面产生电子，电子通过外部电路流动形成电流驱动电动机工作，从而驱动车辆；另一方面产生的氧化氢离子与氧气结合生成水。无论是电子还是水，都是零碳排放，对环境没有污染。

从本质上讲，氢能源汽车也是电动汽车，其工作原理与增程式混

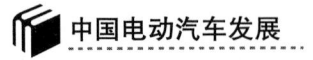中国电动汽车发展

合动力汽车类似，所携带的氢气通过燃烧发电，由电驱动车辆。增程式混合动力汽车使用汽油发电驱动车辆。

如果不考虑成本，氢能源汽车的确是非常理想的技术路径。但是，目前氢能源汽车保有量还极其少，世界各汽车厂家仍未将其作为主要发展方向。究其原因，主要存在以下几个方面问题：

第一，氢气从哪里来。无论是通过电解水制氢，还是通过化石燃料制氢，都需要考虑成本问题。成本过高，将难以投入规模化商业应用。收集工业生产过程中产生的富余气体也是获得氢气的一种方法，但是其量是有限的。利用余电电解水也是一种方法，例如利用风电、光伏发电中的弃电来制氢，可以降低成本；但这种方法面临电力来源不稳定的问题。上述获得氢气的方法，在实际生产生活中还面临不少问题，当前难以大规模利用。

第二，氢气的运输、储存面临不少困难。作为一种易燃易爆化学品，无论是运输还是储存氢气，条件都比较苛刻，要求都比较高，甚至面临加氢站选址困难等问题，这不仅大大提高了成本，而且考验基础设施能力。由于氢气能量密度高，一旦出现燃烧事故，其破坏力特别大，选择加氢站的难度比加油站还大，补能便利度下降，影响消费体验。

第三，氢能源汽车成本。目前氢能源汽车的成本较高，潜在客户群体有限，难以实现规模化生产，难以快速普及，这反过来也影响氢能源汽车的研发与生产。

前几年，日本氢能源汽车一度引起高度关注，特别是在国内引起了很大反响，丰田汽车的氢能源汽车一度被认为将重塑行业生态。不少人认为，应该向日本一样，走氢能源汽车路线。但是，日本的氢能源汽车发展并不顺利，到现在也没有突破性进展。究其原因，与加氢站的建设不无关系。2019年6月10日，挪威境内一家小型加氢站发生爆炸，虽然没有造成人员死亡，但却引起了广泛的关注，对当时热烈

讨论的氢能源汽车也产生了不小影响。2023 年 10 月，日本丰田公司向社会宣布了一个十分重要的决定，该公司将终止氢燃料电池汽车的研发和生产，未来将专注于混动和纯电动汽车领域。丰田决定放弃氢能源汽车，意味着关于氢能源汽车的广泛讨论和争议暂时告一段落，说明氢能源汽车至少目前还不够成熟。

氢能源汽车要取得大的发展，需要在以下几个方面实现大的突破：一是制氢技术突破，使制氢成本相对目前使用汽油特别是电具有竞争力。如果能源成本下降，则会对消费者产生吸引力。二是生产成本突破，使燃料电池系统的成本低于目前的燃油系统、增程器系统或者电驱动系统，使整车成本与目前大力发展的纯电动汽车、插电式混合动力汽车以及增程式混合动力汽车基本持平。三是在动力性能和续航里程方面不输于其他动力形式的车辆。四是突破基础设施建设瓶颈，能为消费者提供便利的补能体系。

二、太阳能汽车

如果能够利用白天无处不在且不需要任何成本的太阳能发电驱动车辆，则汽车的动力技术将会取得革命性进步。然而，受限于汽车的体积以及目前太阳能面板的能源转化率，现有技术条件下的太阳能汽车还是一个概念，其未来是否取得成功具有不确定性。正因为如此，将太阳能作为一种补充没有被推入市场，因为一辆车所能获得的太阳能实在少得可怜，而在车上安装相应的设施却需要不小的成本。

尽管如此，一些厂家仍然在积极探索太阳能汽车技术路线，有的甚至推出了"概念车"，如柯尼塞格、标致、奔驰、莲花、沃尔沃、山东海科车业、厦羿新能源技术、德州华瑞驰达新能源、东莞卓越电动车等。目前，世界上尚未出现规模化量产的太阳能汽车。中国个别厂家正在试验尝试推出用于观光的纯太阳能汽车。

使用纯太阳能驱动车辆，存在的难题是发电端与用电端的时空错

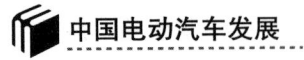

位矛盾。太阳能只在白天存在，而使用车辆不仅仅在白天，即使在白天，阴天和雨雪天气对太阳能有很大影响，如果依赖现有技术，太阳能在汽车市场的发展空间十分有限。

采用太阳能与电动混合的方式，可能是一种值得尝试的技术路线，即太阳能作为白天日常通行使用，当太阳能不足时可以使用存放于电池中的电力驱动车辆继续工作，这在理念上类似于增程式混合动力汽车的模式。使用这样的方式还有一个好处，即在不用车时将太阳能发电存入所携带的动力电池中，需要时再释放使用，从而提高太阳能电池板使用效率，推动清洁能源应用。有条件的家庭可以建设露天停车位，在车辆闲置时利用太阳能发电；在野炊等场景下也可以在休息时利用太阳能发电。荷兰的一家电动汽车初创企业 Lightyear 就进行了这样的尝试，其推出的首款车型 Lightyear 0 在搭载 60kWh 电池（支持快充和慢充）的同时，于前机盖和车顶部分安装了 5 平方米太阳能电池板，据称在天气状况比较理想的情况下获得的太阳能可以驱动车辆行驶 70 公里。

太阳能电池板的发电功率，受天气状况影响较大，阴天和雨天光照较差，发电功率较小，一早一晚光照强度较低，发电功率也比较小。一般情况下，每度电可以驱动车辆行驶 5 公里左右。如果安装成本不高，且不影响车辆性能，这种做法是值得认真探索的。

单位面积的太阳能能量是有限的，即使提高太阳能电池板的转化效率，但由于汽车特别是乘用车的体积较小，表面积有限，通过转化所获得的电力也是有限的。而车辆在开行过程中，速度越快，电耗越高。如果行驶里程较长，速度又比较快，则依靠即时转化太阳能以提供驱动车辆所需要的电力将十分困难。太阳能汽车主要适用于速度不是很快、行驶里程也不是太远的场景，如景区通行和摆渡车辆。这类车辆车顶面积较大，可以安装较大面积的太阳能电池板，行驶速度较慢，行驶里程较短，耗电量小，并能从行驶间歇得到电力补充。在阴雨天气等特殊情况下，也可通过布设在景区的电力网络给车辆适当充电即可满足运营需要。

三、核能汽车

核能汽车，顾名思义就是指以核能为动力的汽车。由于核能的能量密度非常高，理论上讲核能汽车不需要补能。核动力航空母舰、核动力潜艇都有了，核能汽车会有吗？由于核燃料反应堆体积较大，制造核能汽车的想法被很多人认为过于大胆或者说超前了。但确实有人有这样的想法，而且进行了探索尝试。早在1958年，汽车大王福特就曾在广告里告诉人们："有这么一辆车，连续开5000英里（约合8046公里）都不用加油，这样的车你想开吗？"2009年，凯迪拉克就推出了用"钍"（在核反应中可以转化为原子燃料铀-233）发电的概念车WTF，设计使用年限100年，每5年保养一次，凯迪拉克一度被认为将于2014年推出可投入使用的车辆，但因工艺尚未成熟一直停留在概念阶段。

据测算，用500千克（约相当于一辆纯电动汽车电池组的重量）的"钍"能发电约5.5亿瓦，一辆车从出厂到报废无论如何都用不完。如果汽车全生命周期里程为25万公里，只需要约50千克"钍"就满足需要了。50千克，约相当于加70升汽油的重量（可以驱动车辆行驶800公里左右）。假设每次加油量为70升，则驱动车辆行驶25万公里，需要加油312次，需要付出大量的时间成本。核能汽车一旦开发成功投入使用，除了可以更好地保护环境，还可以节约大量时间，减轻人们的劳动强度。

"钍"存在于稀土中，是一种金属元素，具有放射性，半衰期为1.405×10的10次方年。我国是世界上最大的钍生产国和消费国，钍矿资源占全球总储量的40%以上，达40万吨，其中大部分资源分布在江西、福建、广东、湖南等地。

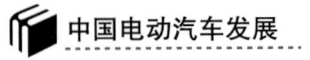

从理论上讲，用"钍"发电不会排放任何废气，其作为核能发电的燃料之一比"铀"藏量丰富而且状态稳定，只要经过加热就可以生成高热能，如果能够攻克核能发电小型化技术，小到足以塞入普通轿车或者 SUV 车辆中，而且造价可控，与目前车辆的动力系统相当或者高出不多，则核能汽车的前途不可限量。

除了小型化的难题外，如果用钍作为燃料发展核能汽车，储量较少也是潜在制约因素。也有观点认为，钍在地球上的储量几乎同铅一样丰富，所储藏的能量，比铀、煤、石油和其他燃料总和还要多许多。

如果小型化技术得到解决，且发现更多的钍资源，或者找到了其他更具有经济性的替代品，则在将来某一天核能汽车投入大规模使用也不是不可能的。退一步讲，即使不能用到乘用车上，也可以考虑用于火车、飞机以及大型卡车等体积较大的交通工具上，以达到减少排放和保护环境的目的。

第三节　发展电动汽车的体制机制保障

电动汽车的未来发展是一个复杂而多维的过程，它不仅依赖于技术的创新和市场需求的增长，而且离不开强有力的体制机制保障。法规与标准的制定是确保电动汽车安全性和可靠性的基础，它们为行业发展提供了明确的指导和规范。政策的制定与执行对于引导和激励行业参与者遵循可持续发展路径至关重要，包括提供税收优惠、财政补贴等激励措施，以降低电动汽车的生产和使用成本，促进其普及。市场准入机制确保了只有符合安全和环保要求的电动汽车才能进入市场，保护消费者权益，同时推动企业提高产品质量。税收与奖励激励政策可以有效地激发市场活力，鼓励消费者选择电动汽车作为出行工具。研发投入是推动技术进步和产业升级的关键，政府和企业应持续增加对电动汽车技术研发的资金支持。公众教育对于提高社会对电动汽车的认知和接受度至关重要，通过教育和宣传活动，可以增强公众的环保意识，促进电动汽车的普及。环境保护与回收利用是电动汽车产业可持续发展的重要组成部分，需要建立完善的电池回收体系，减少环境污染，实现资源的循环利用。综上所述，电动汽车的未来发展需要一个全面而协调的体制机制作为支撑。从法规标准的制定到政策的执行，从市场准入到税收激励，从研发投入到公众教育，再到环境保护与回收利用，每一个环节都是推动电动汽车产业健康、可持续发展的关键。通过这些措施的综合运用，可以为电动汽车产业提供一个稳定、公平、有利于创新的发展环境。

法规与标准制定涉及几个方面：一是技术标准。只有建立统一的技术标准，包括充电接口、电池规格、换电接口等，促进电动汽车行业的标准化和规模化，才能促进电动汽车更好地发展。二是安全标准。制定严格的电动汽车安全标准，包括电池安全、车辆结构安全等，确保消费者使用安全。在电池安全方面，如何解决好电池热失控问题是重中之重。在影响消费者的购买选择中，担心电池起火是将消费者拒之门外的重要原因。

支持性政策的制定与执行，对中国电动汽车的发展起了决定性作用，今后，这方面的可持续性仍将对电动汽车的发展产生很大影响。在国家层面，政府需要制定长远的电动汽车发展政策，包括补贴政策、税收优惠、排放标准等，以激励汽车制造商和消费者。政策需要保持较长期的延续性，否则可能会半途而废。在地方层面，政府应根据国家政策，结合本地实际情况，制定具体的配套措施和实施细则，确保政策落地。如果政策在地方层面得不到落实，将难以发挥其牵引作用。另外，各地激励的产业发展竞争中，应协调处理好促进行业发展政策与保护当地产品政策之间的关系，尽量消除市场壁垒，避免资源浪费，促进良性竞争与健康发展。

市场准入机制方面，设定合理的市场准入门槛，确保只有符合安全、环保等标准的电动汽车才能进入市场。避免不合格产品进入市场，以低价倾销等方式扰乱正常市场秩序，造成恶性竞争，阻碍行业长远发展。当前，电动汽车价格战十分激烈，呈现争相降价以抢占市场份额的情况，很多车企赔本赚吆喝，很难持续经营。在这种情况下，全行业都会受到影响。当几乎所有车企都赚不到钱时，最后的结果必然是产品质量下降，行业健康发展难以为继。此外，要建立完善的退出机制，对于不符合标准的企业或产品，及时进行整顿或淘汰，这应成为行业必须高度关注和采取切实措施来解决的问题。

财政与税收激励在一定阶段是必要的。政府可以通过财政补贴的方式，降低电动汽车的购置成本，提高消费者的购买意愿。在税收优惠方面，对电动汽车及其关键零部件的生产和销售给予税收减免，以降低企业成本，有利于提高电动汽车竞争力。财政与税收的支持不可能永远保持，但需注意退出的时机与节奏，避免时间过短、力度过猛，同时还要注意宏观经济环境。当经济较好时，可以适当加快和加大财政与税收退出的时间力度；反之则应采取延长退坡时间等方式，以帮助电动汽车企业渡过难关并最终实现产业成功升级。

研发投入与创新支持是电动汽车产业发展的"双翼"。为了保持行业的竞争力和推动技术进步，必须在研发资金方面给予充分的财政支持。这不仅能够降低企业的研发成本，还能激发企业的创新活力，鼓励它们在电动汽车的核心技术、新材料、智能化系统等方面进行深入研究和技术创新。同时，建立电动汽车技术创新平台同样至关重要。这样的平台可以整合产学研用各方资源，为电动汽车技术的研发和应用提供交流合作的机会。通过平台，企业可以与高校、研究机构以及用户群体建立紧密的联系，共同推动技术难题的解决和创新成果的快速转化。此外，技术创新平台还可以举办行业研讨会、技术竞赛等活动，吸引更多的人才和团队参与到电动汽车技术的研发中来。为了加速技术成果的转化，还需要构建一个高效的技术转移机制，包括制定合理的知识产权保护政策、提供技术转化的资金支持，以及建立技术市场，促进技术与资本的有效对接。通过这些措施，可以确保研发成果能够快速转化为实际产品，推动电动汽车产业的持续创新和快速发展。

任何行业的发展都离不开人才，人才培养与教育对电动汽车产业发展同样极其重要，可以说人才是汽车行业发展的基石，人才培养与教育是推动行业进步的核心动力。为了满足行业发展的需求，必须加强电动汽车相关专业人才的培养，包括技术研发、工程设计、市场营销、供应链管理等多个领域。通过高等教育机构和职业培训课程，培养具有创新精神和实践能力的专业人才，为电动汽车产业提供坚实的人才基础和智力支持。公众教育也是推动电动汽车产业发展的关键。通过教育和宣传活动，可以提高公众对电动汽车的认知度，增强其环保意识和接受度，包括：在学校教育中加入电动汽车相关知识；通过媒体和公共论坛普及电动汽车的优势和使用方法举办体验活动，让公众亲身感受电动汽车的便利和环保特性。同时，政府和企业也应该积极参与到人才培养和公众教育中来。政府可以通过制定相关政策，鼓励教育机构开设电动汽车相关课程，支持企业与学校合作，提供实习和就业机会。企业则可以通过设立奖学金、举办竞赛等方式，激发学生的创新热情和参与意识，培养更多对电动汽车产业有兴趣和潜力的人才。

风险管理与应对也需要加强。风险管理是汽车行业发展的关键环节。在市场风险管理方面，企业应建立市场风险预警机制，通过市场研究和数据分析，及时捕捉市场变化的信号，预测潜在的风险，并制定相应的应对策略。这不仅涉及产品定价、库存管理，还包括对消费者需求变化的敏感度和适应性。通过这种方式，企业能够快速响应市场变化，调整生产和销售策略，从而保护企业和消费者的利益。此外，风险管理还应涵盖技术创新风险、政策变化风险等其他方面。企业需要不断跟踪技术发展趋势，评估政策变动对行业的影响，并制定灵活的应对措施。通过全面的风险管理，企业能够在复杂多变的市场环境中保持竞争力，实现可持续发展。

电动汽车的发展还需要社会参与与监督。公众的参与可以为电动汽车的推广提供强大的社会基础和动力，通过各种形式的宣传教育，提高公众对电动汽车的认知和接受度，进而形成全社会共同推动电动汽车发展的良好氛围。这种社会共识的形成，有助于加速电动汽车的普及和应用，推动整个行业向前发展。媒体作为信息传播的重要渠道，其监督作用不容忽视。媒体应及时、准确报道电动汽车行业的最新发展动态，包括技术创新、市场趋势、政策导向等，为公众提供全面、客观的信息。同时，媒体还应关注行业内存在的问题和挑战，如原材料供应、电池回收处理等，通过深入调查和报道，促进行业的自我完善和健康发展。

电动汽车的未来发展仍然需要多方面的体制机制保障。政府、企业、研究机构、教育机构以及公众都应积极参与这一过程中，形成合力。通过政策支持、法规标准、市场准入、财政税收激励、研发创新、人才培养、基础设施建设、国际合作、风险管理和社会监督等多方面的施力，可以为电动汽车的健康发展提供坚实的基础。同时，随着技术的进步和社会的发展，这些体制机制也需要不断地进行调整和完善，以适应不断变化的环境和需求。

参考文献

［1］［美］利维·泰尔曼. 大竞赛——未来汽车的全球争霸赛［M］. 王冀, 译. 北京：机械工业出版社, 2018.

［2］蹇林旎. 倾听电动汽车背后的民众心声——中国电动汽车发展民意调查报告［M］. 北京：机械工业出版社, 2018.

［3］叶盛基. 中国增程式电动汽车产业发展报告［M］. 北京：机械工业出版社, 2023.

［4］刘敦楠, 王文. 电动汽车负荷聚合商参与市场机制与策略［M］. 北京：中国电力出版社, 2023.

［5］孔德洋, 符钢战, 唐茂钢. 未来出行——电动汽车分时租赁［M］. 上海：同济大学出版社, 2021.

［6］中国汽车工程学会. 节能与新能源汽车技术路线图 2.0［M］. 北京：机械工业出版社, 2021.

［7］工业和信息化部装备工业发展中心, 北京国能赢创能源信息技术有限公司, 《节能与新能源汽车年鉴》编制办公室. 2021 节能与新能源汽车年鉴［M］. 北京：中国铁道出版社, 2021.

［8］中国汽车流通学会. 2021 中国汽车市场统计年鉴［M］. 北京：中国商业出版社, 2021.

［9］胡泽春, 宋永华, 刘辉. 电动汽车与电网互动的调控策略［M］. 北京：科学出版社, 2023.

［10］黄显利．电动汽车NVH的设计与开发［M］．北京：机械工业出版社，2020．

［11］周志敏，纪爱华．电动汽车动力电池梯次利用与回收技术［M］．北京：化学工业出版社，2019．

［12］王德平，张天强．电动汽车安全性设计［M］．北京：机械工业出版社，2020．

［13］姜久春．电动汽车动力电池应用技术［M］．北京：北京交通大学出版社，2016．

［14］其鲁．电动汽车用锂离子二次电池［M］．北京：科学出版社，2021．

［15］赵立军，佟钦智．电动汽车结构与原理［M］．北京：北京大学出版社，2012．

［16］黄裕荣，侯元元，蔚晓川．电动汽车专利技术分析［M］．北京：科学出版社，2018．

［17］杨世春．电动汽车设计基础［M］．北京：国防工业出版社，2013．

［18］苗圩．换道赛车：新能源汽车的中国道路［M］．北京：人民邮电出版社，2024．

［19］北京亿维新能源汽车大数据应用技术研究中心．中国新能源汽车大数据研究报告（2023）［M］．北京：机械工业出版社，2023．

［20］中国汽车技术研究中心，日产（中国）投资有限公司，东风汽车有限公司．新能源汽车蓝皮书：中国新能源汽车产业发展报告（2023）［M］．北京：社会科学文献出版社，2023．

［21］应雄，汪寿阳，杨宇瑶．能源转型下的锂、钴、镍资源需求及回收潜力分析——基于电动汽车的视角［J］．中国科学院院刊，2024，39（7）：1226-1234．

［22］郭剑锋，张雪美，曹琪，等．电动汽车助力我国能源安全

与"碳达峰、碳中和"协同推进［J］．中国科学院院刊，2024，39（2）：397-407.

［23］张枢盛，陈劲．数字智能化背景下电动汽车混合颠覆性创新模式研究——比亚迪与特斯拉案例［J］．科技进步与对策，2023，40（24）：51-60.

［24］王鑫，王金凤，徐春秋．电动汽车充电基础设施政策量化及产业政策效应［J］．经济经纬，2023，40（6）：38-50.

［25］张川，田雨鑫，崔梦雨．电动汽车动力电池制造商混合渠道回收模式选择与碳减排决策［J］．中国管理科学，2024，32（6）：184-195.

［26］刘国强，何明阳．物质性视角下的媒介使用差异：智能电动汽车的使用研究［J］．新媒体与社会，2023（2）：297-315.

［27］杨来，余碧莹，冯烨．电动汽车生命周期碳排放评估——以中国乘用车为例［J］．中国人口·资源与环境，2023，33（5）：113-124.

［28］李巍，邹玥，竺彩华．电动汽车革命：大国产业竞争"新赛道"［J］．国际经济评论，2023（4）：6+93-117.

［29］史乐峰，王松，吕胜男．充电设施运营商投资决策与电动汽车发展的交互作用机理研究［J］．管理评论，2023，35（1）：243-256.

［30］王松，史乐峰，任缙．电动汽车充电设施时空双维度投资分析模型及投资激励模式研究［J］．管理评论，2022，34（8）：76-91.

［31］李明珊，孙晓华，唐卓伟，等．"示范推广"模式带动了市场需求吗——来自电动汽车产业的实证研究［J］．南开经济研究，2022（1）：3-21.

［32］王子旗．台湾地区电动汽车产业发展研究［J］．亚太经济，

2021（6）：133-139.

[33] 张伟 . 基于复合评论的纯电动汽车消费者情感波动研究 [J]. 贵州社会科学，2021（8）：124-132.

[34] 白桦，谭德庆 . 充电设施建设水平对电动汽车市场销量的影响 [J]. 经济问题，2021（4）：63-69.

[35] 贺晓婧，廖诗武，赵子潇，等 . 城市电动汽车规模化发展的大气环境影响研究 [J]. 中国环境管理，2020，12（3）：77-84.

[36] 薛奕曦，徐欢 . 基于静态与动态一致性的电动汽车商业模式创新 [J]. 管理现代化，2019，39（5）：46-49.

[37] 赵世佳，徐楠，尚勇 . 我国下一代电动汽车平台研发和产业化的发展现状、需求及建议 [J]. 科学管理研究，2019，37（4）：52-56.

[38] 郭放，杨珺，杨超 . 考虑差异化服务时间的多车型电动汽车路径优化与充电策略研究 [J]. 中国管理科学，2019，27（8）：118-128.

[39] 岳为众，张晶，刘颖琦 . 产业政策与市场表现关联研究——以中国电动汽车充电基础设施为例 [J]. 经济与管理研究，2019，40（2）：82-94.

[40] 李显君，王京伦，章博文，等 . 电动汽车新进入者领先在位者机制研究 [J]. 科研管理，2018，39（11）：7-16.

[41] 周谧，朱祖伟 . 我国纯电动汽车的生命周期可持续性评价 [J]. 工业技术经济，2018，37（10）：75-84.